洋経済

介護から予防、費用、
相続まで

# 認知症

# 全対策

生命保険契約者のみなさまへ
家族と備える認知症

- [ ] 生命保険に加入している
- [ ] 保険証券などの契約関係書類は、保管場所を決めて家族と共有する
- [ ] 代理請求の仕組みを活用しているか確認
- [ ] 代理請求を活用しているか確認

☞ 6~9ページ

自分の財産管理もできなくなってしまい、生命保険を活か...・手続きが難しくなります。その際は家族に助けてもら...とになると思われますが、生命保険の手続きは家族に...があります。契約者本人が元気なうちに、家族の間で...す。

[加入していても─]
契約の内容がわからない

?

週刊東洋経済 eビジネス新書 No.448

# 認知症 全対策

本書は、東洋経済新報社刊『週刊東洋経済』2022年12月3日号より抜粋、加筆修正のうえ制作しています。情報は底本編集当時のものです。（標準読了時間 120分）

認知症　全対策　目次

## 〔はじめに〕　対処法を知れば手が打てる

「久々に母の元を訪ねると、新品の乾電池が何十個もあることに気がついた。さらに頭痛薬やばんそうこうなども山のように買い込んでいた」。60代の小野美枝子さん（仮名）が母の異変に気づいたきっかけだ。本人は同じものを買っている自覚はない。病院に連れていくと、アルツハイマー型認知症だとわかった。

小野さんが一人暮らしの母に会うのは年に2度の帰省のときのみ。電話で頻繁に話していたが、そこでは変化に気づかなかった。

診断後、地域包括支援センターなどで介護について相談したものの、知識がなく、何を聞いていいかもわからない。今も手探りで情報を集めながら、遠距離介護を続けているという。

認知症は、2025年には高齢者の5人に1人がなるという試算があり、85歳以上の高齢者の約4割が発症しているともいわれる。決してひとごとではない。

一方で、認知症は「なったら終わり」の病ではない。対処法を知れば手が打てる症状だ。本人も家族も過度に恐れる必要はない。知ることで、最適な介護を選ぶ、症状の進行を遅らせるなど解決策を探ることができる。次章からは、予防から介護まで、不安や悩みを解消するためのあらゆる対策を紹介する。

（大竹麗子）

# 医師が答える認知症5つの疑問

高齢化が進む中、認知症は国民病といえるほどの病になりつつある。しかし、どのような病気なのか、どうして発症するのか、正しく理解できる機会はそう多くはない。正しい知識を身に付けることが不可欠となる。まずは基本を押さえよう。

認知症の基本的な疑問について、アルツクリニック東京院長で老年精神医学が専門の新井平伊・順天堂大学名誉教授に回答してもらった。

## 【Q1】 認知症とはどういう病気なのですか？

認知症とは病名ではない。脳の病気などにより認知機能が低下し、日常生活に支障が出てくる状態のことだ。

代表的な症状は、ついさっきのことが思い出せないなどの「短期記憶障害」、時間や場所がわからなくなる「見当識障害」。これらの「中核症状」は、認知症の人ならほぼすべての人に起こりうる。一方、「中核症状」や環境などの要因により誘発される抑うつや妄想などは「行動・心理症状（ＢＰＳＤ）」と呼ばれる。こうした症状は通常５～１０年かけてゆっくり進行する。「認知症になったらすぐに何もわからなくなる、できなくなる」というのは誤りだ。

## ◆ 認知症の中核症状と行動・心理症状（BPSD）

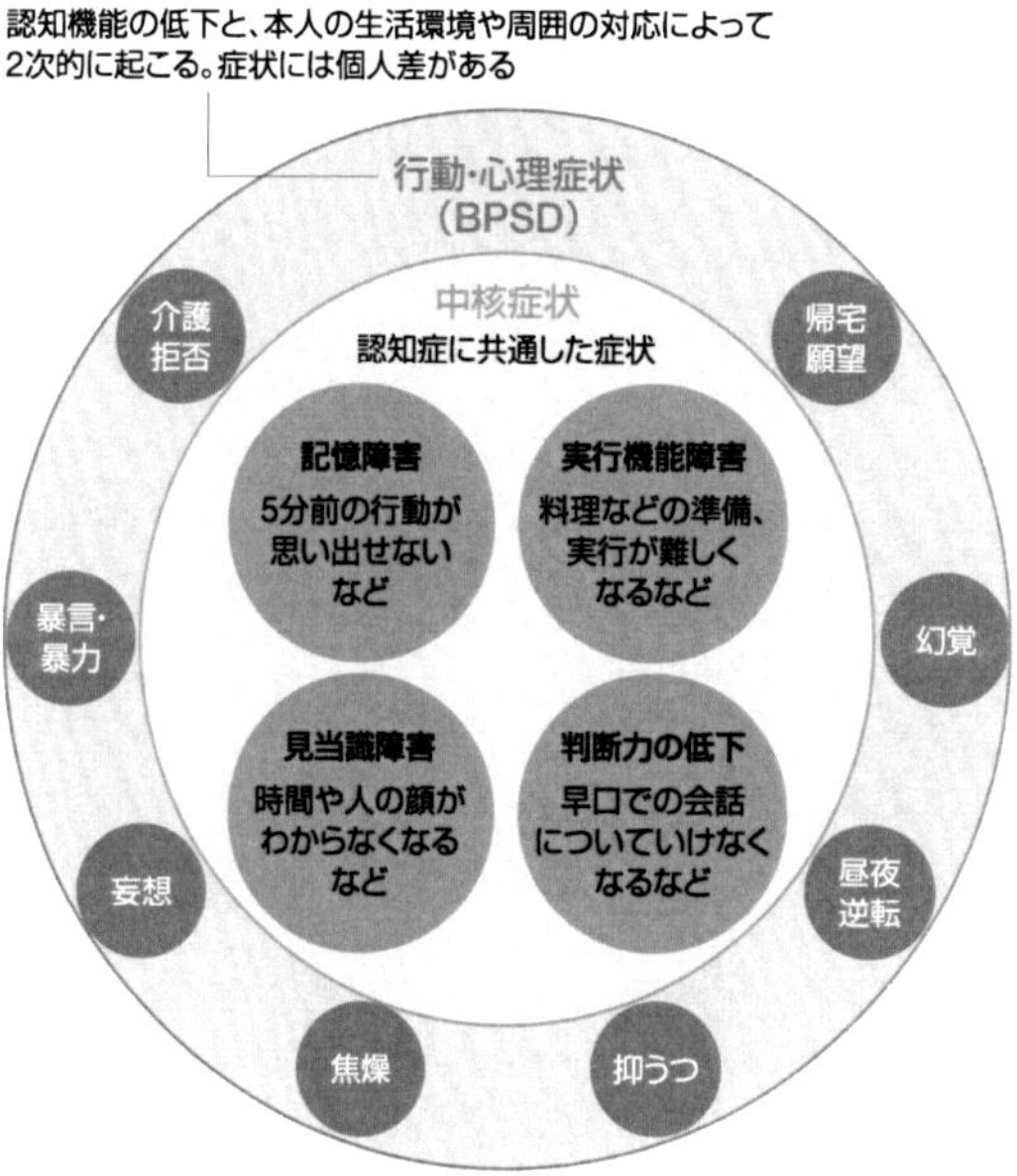


（出所）各種資料を基に東洋経済作成

## 【Q2】 認知症の原因となる疾患は何ですか？

原因となる疾患は100種類以上あるが、次の4タイプが約9割を占める。①約7割を占めるのがアルツハイマー型認知症だ。アルツハイマー型は、アミロイドベータというタンパク質が蓄積し、神経細胞が死滅することで脳が萎縮する。②次に多いのが血管性認知症で約20%。脳梗塞などによって脳血管の血流が悪くなり、脳の神経細胞が死滅することで発症する。③$\alpha$シヌクレインを核としたレビー小体というタンパク質が蓄積して、脳の神経細胞を傷つけるレビー小体型認知症は約4%、④前頭葉、側頭葉が萎縮する前頭側頭型認知症は約1%だ。

4大認知症の発症メカニズムは、すべて明らかにはなっていない。例えば、アルツハイマー型はアミロイドベータが脳内に蓄積することで発症に至るが、それが蓄積される原因は解明されていない。

## 【Q3】 もの忘れとは何が違うのですか？

一番のポイントは「日常生活に支障が出ているかどうか」だ。例えば、病院の診察日を完全に忘れているなど、他人に迷惑がかかるようになったら注意したい。単なるもの忘れなら、簡単なヒントがあれば思い出せることが多い。しかし認知症ではヒントを与えられてもまったく思い出せず、症状が進行すると、もの忘れを起こしている自覚がなくなる。

もの忘れ以外の症状の変化も1つの目安になる。とくに計算や料理など得意だったことが苦手になってきたら要注意サインだ。このように、もの忘れに加えて言葉が出ないなど、症状の広がりがないかをチェックしよう。

## 【Q4】 認知症はどうやって診断するのですか？

もの忘れの度合いや生活習慣などを聞く問診や血液検査、長谷川式認知症スケールやミニメンタルステート検査（MMSE）など認知機能を調べるテストを経て、MRI（磁気共鳴断層撮影）やCT（コンピューター断層撮影）などで脳の萎縮状態を診断するのが一般的。最近では、脳の血流を見る「SPECT検査」も普及しつつある。

長谷川式やMMSEでは、今日の日付や今いる場所などを聞く簡単な質問を行い、回答できたかどうかで点数をつける。その合計点が一定以下だと認知症の疑いがあるとされる。

より詳細に調べるには、アミロイドPET検査や髄液検査も行う。アミロイドPETは、アミロイドベータに取り込まれる性質を持つ放射性薬剤を投与して、沈着の度合いを画像で確認する。アルツハイマー型では発症の20年前からアミロイドベータがたまり始める。アミロイドPET検査で早くから蓄積に気づくことができれば、発症を遅らせることも可能だ。

しかし、保険適用外のため費用は30万～60万円と高額で、気軽に受けられる検査ではない。髄液検査は髄液からアミロイドベータを測定する。腰に針を刺し髄液を採取するため、体へ負担がかかる。

治療方針は、これら検査の結果を総合的に判断して決める。しかし認知症の診断は非常に難しく、原因となる疾患を正確に把握できず誤診が起きることもしばしばある。

誤診を防ぐためにも、日本老年精神医学会や日本認知症学会などに所属する専門医のいる病院や、「もの忘れ外来」などの専門外来を選んで受診するといいだろう。気がかりなことがある場合、セカンドオピニオンを活用するのも手だ。

## 【Q5】 認知症は治らないのですか?

アルツハイマー型など現時点では根治できない認知症がある一方で、治る認知症もある。正常圧水頭症や慢性硬膜下血腫が原因の認知症などは、手術をすれば認知機能が回復する。そのほかにアルコールの取りすぎやビタミンの欠乏により認知機能の低下が見られる場合も、生活習慣を改めれば症状の改善が図れる。正確な診断を受けることが認知症治療においては非常に重要だ。

4大認知症は根治はできないが、発症を遅らせることや、症状の進行を緩やかにすることはできる。

方法の1つは薬。進行を遅らせる薬として「アリセプト」「レミニール」「イクセロン/リバスタッチパッチ」「メマンチン」の4種類がある。薬のほか、生活習慣の改善でも進行を遅らせることができる。しかし、これらは万全ではなく、適切なケアを行わなければ、生活に大きな支障が出るレベルまで症状が進む可能性は高い。

認知機能が衰えていないか、次章の「ＳＣＤ（主観的認知機能低下）チェックリスト」で確認し、心配であれば医療機関で早めに検査をしよう。

（構成・大竹麗子）

（回答者）新井平伊
１９８４年順天堂大学大学院医学研究科修了。２０１９年からアルツクリニック東京院長。

変化に気づくことが対策の第一歩

## 発症前に！　早期チェックしよう

認知症の発症はできれば避けたいというのが万人の願いだろう。認知症は発症すると根治はできない難しい病気だ。アルツクリニック東京院長の新井平伊・順天堂大学名誉教授は、「認知症は発症や進行を遅らせることができる。発症前の早い段階から手を打つことが大切だ」と語る。

認知症リスクの早期発見に役立つのが、次の12項目にわたる「SCD（主観的認知機能低下）チェックリスト」だ。

・今やろうとしていたことを忘れる
・同僚など身近な知り合いの名前を思い出せない

・家にあることを忘れて、同じものを買ってしまうことがある
・表現したい言葉がすぐに出てこない
・相手に話を聞き返すことが増えた
・旅行など計画を立てて行動することが面倒になってきた
・うっかりミスが増えた
・簡単な計算が面倒になってきた
・別々の作業を同時に行うことが苦手になってきた
・家電の操作を新しく覚えるのが苦手になった
・ちょっとしたことで怒ったり、落ち込んだりすることが増えた
・趣味などへの興味・関心がなくなってきた

早期に確認！

## 認知症リスク SCDチェックリスト

- □ 今やろうとしていたことを忘れる
- □ 同僚など身近な知り合いの名前を思い出せない
- □ 家にあることを忘れて、同じものを買ってしまうことがある
- □ 表現したい言葉がすぐに出てこない
- □ 相手に話を聞き返すことが増えた
- □ 旅行など計画を立てて行動することが面倒になってきた
- □ うっかりミスが増えた
- □ 簡単な計算が面倒になってきた
- □ 別々の作業を同時に行うことが苦手になってきた
- □ 家電の操作を新しく覚えるのが苦手になった
- □ ちょっとしたことで怒ったり、落ち込んだりすることが増えた
- □ 趣味などへの興味・関心がなくなってきた

チェックの注意点

- 70代なら60代のときと、50代なら40代と、というように10年前の自分と比べ「変化」がないか確認しよう
- いくつ当てはまるか、ではなく「頻度が上がった」「深刻さが増している」など変化があれば要注意だ

(出所)アルツクリニック東京の提供資料を基に東洋経済作成

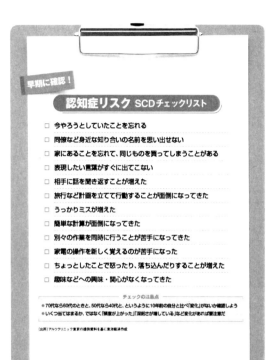

各項目に当てはまるかをチェックしていくが、ポイントは70代なら60代、50代なら40代と、10年前の自分と比較すること。いくつ当てはまるかではなく、以前と比べてどれだけできなくなったか、「変化」を確認する。変化は次の3つの観点から見ていく。

1つ目は「頻度」。「身近な知り合いの名前を思い出せない」ことは年を重ねれば誰しも経験したことがあるだろう。しかし、そのような回数が増えているようであれば要注意だ。

2つ目は「程度」。より深刻な忘れ方をしていないか見る。例えば友達との大事な約束や仕事の会議をすっぽかしたような出来事がないか振り返ってほしい。

3つ目は「広がり」。ど忘れするだけでなく、発語や計算に戸惑う、リモコンなど電気製品の操作が苦手になる、長年の趣味に取り組まなくなってきた、などもの忘れ以外の症状が出てきていないかを確認する。

## 発症までに2つの段階

健康な状態から認知症を発症するまでには2つの段階がある。まず、周囲は変化に気づかないが、自分だけがもの忘れなど認知機能の低下に気づくSCDの状態、次に家族や同僚などの周囲の人も変化に気づくMCI（軽度認知障害）だ。

MCI段階になると1年で5～15％の人が軽度認知症に移行する。その一方で、生活習慣の改善など、しかるべき対処を行えば、16～41％の人は認知機能が正常な状態に戻るという報告もある。さらにMCIの前段階であるSCDのときから予防策を講じていけば、認知症の発症を遅らせたり、そもそも発症を防げたりする可能性がより高まる。

また、SCDの段階になったからといって、アルツハイマー型認知症などに直結するわけではない。睡眠不足やストレス、過度の飲酒や喫煙など生活習慣から認知機能が低下している可能性もある。「SCDかもしれない」と思ったら、まずは生活習慣の改善に努める。それでも認知機能の改善が感じられないと考える場合は、「もの忘れ外来」など専門外来で早めに受診することをお勧めしたい。

◆ SCD、MCIの段階で早期に手を打つのが肝心だ　―認知症発症までの推移―

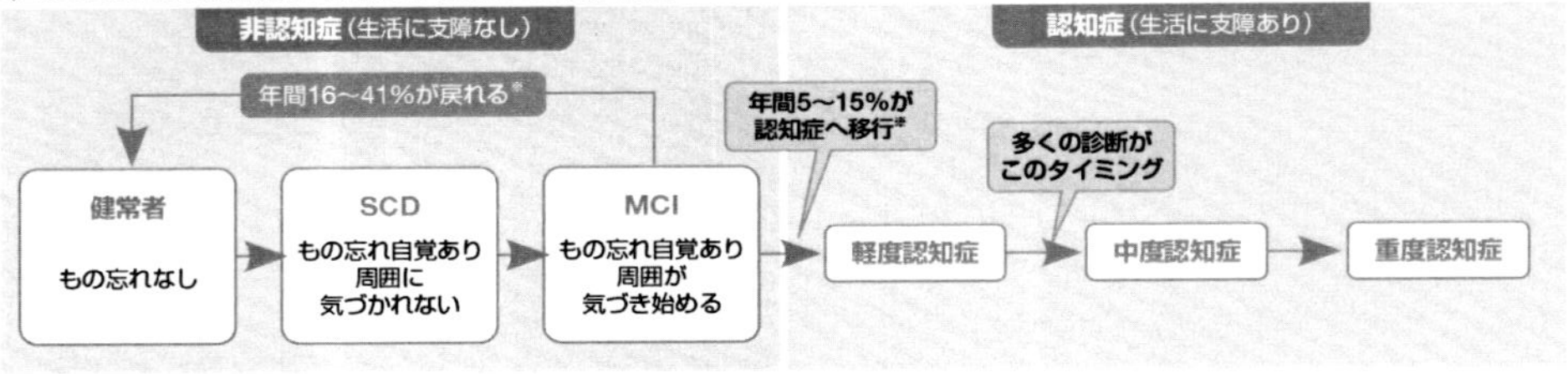


（注）※日本神経学会監修「認知症疾患診療ガイドライン2017」から引用　（出所）各種資料を基に東洋経済作成

2020年に、世界的な医学雑誌『ランセット（Lancet）』で、生活習慣などを改善することで認知症発症リスクを40％下げられるという研究が発表された。そこでは認知症のリスク要因として難聴や社会的孤立、喫煙や過剰飲酒など12項目が紹介されている（後述、Q&A）。

高血圧などの生活習慣病が認知症のリスクを高めることもわかってきている。とくに糖尿病患者は、健康な人に比べて2倍の確率で認知症になりやすいというデータがある。運動や睡眠などの生活習慣を改善して健康な生活を送ることが、認知症発症を防ぐ第一歩だ。

高齢者の認知症リスクを把握したくても、こうしたチェックに協力してくれないという悩みを抱える人も多い。とくに肉親となると、プライドからか、当てはまっても「そんな自覚はない」と怒り出すこともある。周囲から見てチェックリストの項目に多く当てはまる場合は、MCIや初期の認知症である可能性がある。少しでも心配な場合、早めの受診・検査をお勧めする。

（大竹麗子）　監修・新井平伊

# 流れがわかる　介護開始までのフロー

介護福祉ジャーナリスト・田中　元

家族が認知症になったら、介護保険のサービスを使う。そのために要介護認定を受ける必要があることは浸透しているだろう。ただ要介護認定からサービス開始に至るルートは、思ったよりスムーズに機能しない。次図は、その流れと注意すべき点をまとめたものだ。

# 介護開始までのフロー

介護福祉ジャーナリスト　田中 元

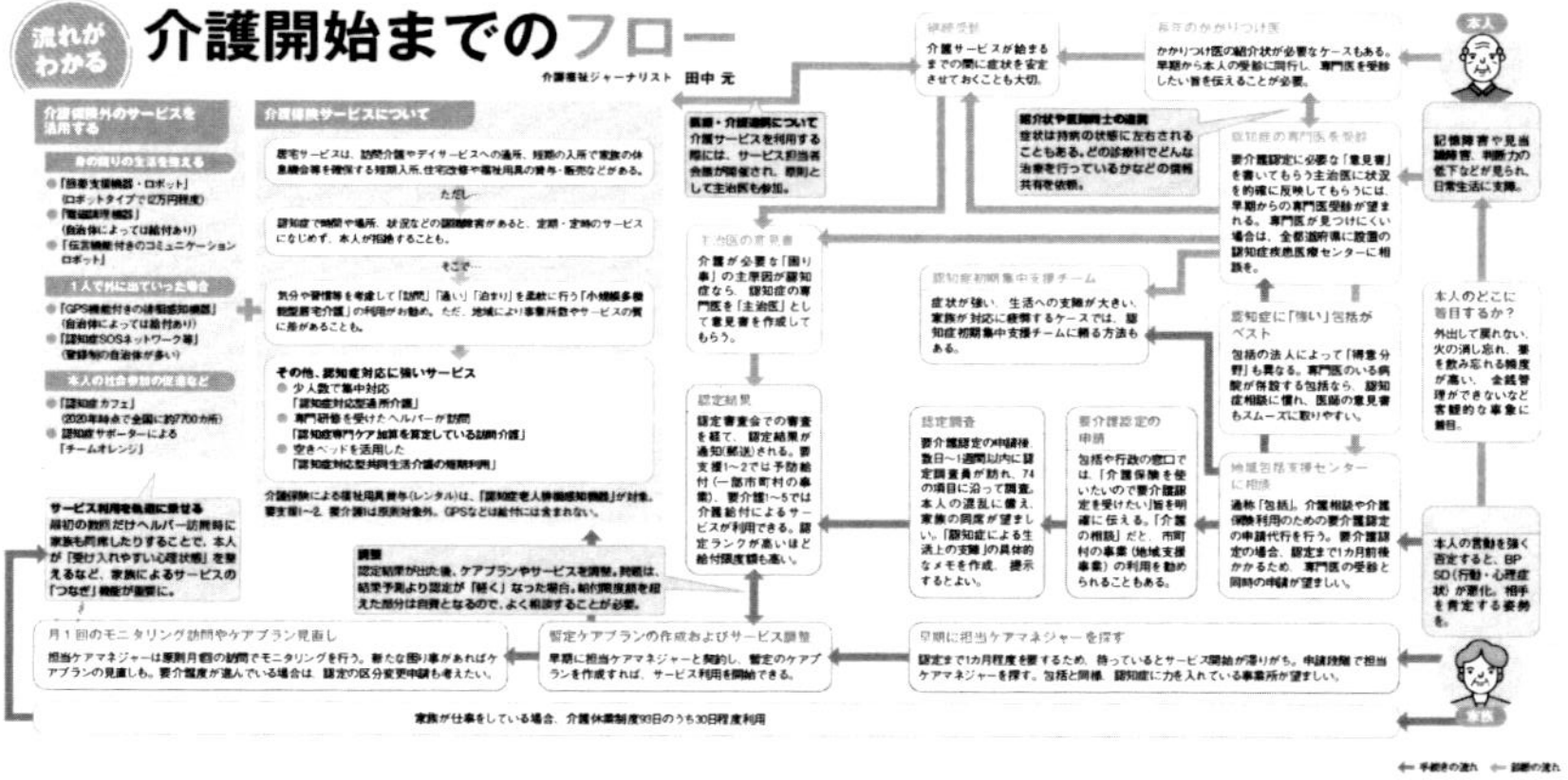

かったりする。

## 専門性と経験値がカギ

認定までに想定外の時間がかかったり、結果が本人の状態を十分に反映していなかったりする。

こうした状況を防ぐには、「介護保険を使いさえすれば安心」という思考停止を避け、「うまく使うにはどうすればよいか」という戦略を練る必要がある。

例えば、要介護認定を受ける前に、認知症の専門医を受診し、認定に必要な「意見書」を書いてもらう主治医にする。長年のかかりつけ医を主治医にしたほうが、「本人の病歴などをよくわかっている」メリットはある。だが、介護の手間が認知症に起因するなら、専門医でないとその深刻さは「意見書」に十分に反映されない。

担当ケアマネジャーの選び方も重要だ。ケアマネジャーが所属する居宅介護支援事業所にも特徴がある。認知症専門の診療科がある医療法人や、認知症対応サービスを長年手がける法人が運営する事業所なら、認知症による「本人のサービス拒否」や「家族の強い負担感」などへの理解が比較的深い。

例えば、申請から認定までに1カ月以上かかることが多い。そこで、おおよその認定結果を見立て、暫定のケアプランでサービスを始める方法がある。そのあたりも、認知症対応の経験値が高いケアマネジャーのほうが手慣れている。

認知症の人が家で生活する場合、介護保険サービスだけでは補えない部分も多々あり、介護保険外の地域資源に頼るケースも多い。ケアマネジャーならそれらを把握しているはずだが、実際に担当したか否かで、地に足の着いたアドバイスができるかどうかは変わってくる。やはり認知症ケースの経験値が問われる場面といえる。

田中　元（たなか・はじめ）
1962年生まれ。立教大学法学部卒業。出版社勤務を経てフリーに。高齢者の自立・介護分野を中心に活動。著書に『認知症で使えるサービス・しくみ・お金のことがわかる本』など多数。

避けては通れない！

## 認知症介護にかかるおカネのシミュレーション

認知症介護のために介護保険サービスを使うとして、どの程度の費用が必要になるのか？

在宅の介護保険が適用されるサービスで、「1割負担」でも月2万～3万円はかかる。しかも、本人の年間所得金額によって負担額は2割、3割へと上がるので、あくまで最低金額と考えたい。低所得世帯なら高額介護サービス費の還付が行われる可能性もあるが、それでも想定以上の出費になることもある。はじめに、利用限度額と利用者負担（率）について確認しよう。

### 介護サービスの利用者負担

介護保険サービスを受けるためには、要支援・要介護認定が必要になる。手続きのプロセスについては前章の「介護開始までのフロー」に記載しているが、どの区分に認定されるかで支給限度額が違ってくる。

まず、居宅サービスの1カ月当たりの利用限度額は、要支援・要介護度のより、次のとおりとなる。

・要支援1：　5万0320円
・要支援2：10万5310円
・要介護1：16万7650円
・要介護2：19万7050円
・要介護3：27万0480円
・要介護4：30万9380円
・要介護5：36万2170円

サービスによって利用料金が定められているが、この限度額までは、介護サービスにかかった費用の1割～3割が自己負担額となる。また限度額を超えた分はすべて自己負担となる。では、1割～3割の負担割合は所得の状況で異なり、収入が多いと負担割合も多くなる。では、負担額の年収基準（65歳以上）を見ていこう。

【1割負担になる場合】

住民税非課税世帯、生活保護受給世帯、本人の合計所得金額が160万円未満で、2～3割負担の要件に該当しない場合。

【2割負担になる場合】

本人の前年の合計所得金額が220万円未満かつ、同一世帯の65歳以上の人が本人を含めて1人の場合は年金収入プラスその他合計所得金額が280万円以上、2人以上の場合は合計346万円以上の場合。

【3割負担になる場合】

本人の前年の合計所得金額が220万円以上かつ、同一世帯の65歳以上の人が本人を含めて1人の場合は年金収入プラスその他合計所得金額が340万円以上、2人以上の場合は合計463万円以上の場合。

注意点として、合計所得金額は、年金、給与、不動産、配当収入から必要経費を控除した金額の合計。その他合計所得金額は、合計所得金額から年金額を引いた金額となる。

また、40歳から64歳までの医療保険加入者（健保組合、全国健康保険協会、市町村国保など＝第2号被保険者）で特定疾病が原因の要介護・支援については、負担率は1割となる。

それでは、介護サービスとその費用について、具体的な事例を見ていこう。（本人が要介護2の場合（1単位＝10円で計算）利用者負担が1割のケース）

## 訪問介護や通所介護など複数のサービス併用の場合

訪問介護が週3回、1回30分以上1時間未満の身体介護および45分未満の生活援助（家事援助）の場合では、

〔サービス利用料〕

・基本サービス費が530円（1回当たり）

・認知症専門ケア加算Ⅱが4円

したがって、週3回で534円×3回＝1602円。

〔特定事業所加算〕

介護福祉士などを手厚く配置しているケースや処遇改善加算（従事者の処遇改善のための上乗せ）が算定される場合に約700～900円。

ここまでの訪問介護費用の合計は、週あたり約2500円（1602円＋900円）の4週間分で1カ月あたり約1万円となる。

次に、通所介護が週2回、1回5時間以上6時間未満の場合では、

〔サービス利用料〕

・基本サービス費（通常規模型）670円（1回当たり）

・個別機能訓練加算や認知症加算などで約150円

合わせると、約820円（670円＋約150円）が週2回で約1640円（処遇改善加算などが算定される場合は約120円加算され、週に約1760円）。したがって、1カ月当たりは4週として1760円の4週分で約7040円となる。

〔介護保険外〕

このほか、介護保険外となる食事代や日用品などの実費が1回当たり800円として1カ月（8回分で）6400円。

通所介護の費用は、1カ月当たり約1万3440円（7040円＋6400円）となる。

〔福祉用具貸与〕

このほか、福祉用具貸与として認知症老人徘徊感知機器を1割負担の料金で1カ月当たり約800円必要になる。

以上のように、訪問介護や通所介護の費用は少なく見積もっても、合計で1カ月当たり約2万4240円（訪問介護で約1万円、通所介護で約1万3440円、用具貸与で約800円）ほど必要な計算となる。

## 在宅編

**例 本人が要介護2である場合（1単位＝10円で計算）**

※利用者負担が1割のケース

### 介護保険サービス利用①

**訪問介護や通所介護など複数のサービス併用**

**訪問介護 週3回**

**1回30分以上1時間未満の身体介護**
＋
**45分未満の生活援助（家事援助）の場合**

サービス利用料

基本サービス費 530円（1回当たり）
＋
認知症専門ケア加算Ⅱ 4円
➡ 週3回で534円×3回＝1602円
＋
特定事業所加算
（介護福祉士などを手厚く配置しているケース）や
処遇改善加算
（従事者の処遇改善のための上乗せ）が算定される場合
➡ 約700〜900円

合計約2500円×4週間＝1カ月当たり約1万円

**通所介護 週2回**

**1回5時間以上6時間未満の場合**

サービス利用料

基本サービス費（通常規模型）670円
（1回当たり）
＋
個別機能訓練加算や認知症加算など 約150円
⬇
週2回で約820円×2回＝約1640円
＋
処遇改善加算などが算定される場合
➡ 約120円
⬇
小計約1760円×4週＝1カ月当たり約7040円

介護保険外となる食事代や日用品などの実費

1回当たり800円として1カ月6400円

合計1カ月当たり約1万3440円

＋

**福祉用具貸与（レンタル）**

**認知症老人徘徊感知機器**
1割負担の料金で1カ月当たり約800円

➡ **合計 1カ月当たり約2万4000円**

## 小規模多機能型居宅介護を活用した場合

次の例として、小規模多機能型居宅介護を活用した場合の費用を試算してみよう。

〔サービス利用料〕

・基本サービス費が1カ月当たり1万5318円

・総合マネジメントや認知症対応にかかる加算などが、1カ月当たり1000～2000円

・処遇改善加算などが算定される場合は、1カ月当たり約2000円加算

したがって、介護保険サービス利用の費用は1カ月当たり約1万8000～1万9000円となる。

〔介護保険外〕

介護保険外となる食事代や日用品などの実費も必要だ。

・「泊まり」の際の居住費は1泊当たり2000円程度

・「泊まり」や「通い」の際の食費が1食当たり400～500円程度

・その他日用品代、水道光熱費などに1カ月当たり1000円程度など

1カ月当たりの費用を試算すると、例えば1カ月当たり4泊、通いが12回として、介護保険外の費用は約1万5000円程度（居住費8000円・食費6000円・光熱費等1000円）となる。

したがって、1カ月あたりの費用は介護保険サービスと介護保険外サービス、用具貸与の約8000円を合計すると、3万4000〜3万5000円程度となる。

その他、介護保険外のサービス・支援としては、次のようなものがある。

【認知症高齢者用GPS端末】
（例）初期費用5000円 ＋ 月額2000円自治体による補助・レンタルあり）
【認知症カフェの利用料】
（例）1回当たりのお茶代やおやつ代、その他実費など合計500〜1000円
【病院への付き添いサービス（民間）】
（例）1回の付き添いで約8000〜9000円
【食事の配達サービス ＋ 見守り】
（例）1食当たり600〜900円（自治体によって補助がある場合も）

## 介護保険サービス利用②

**小規模多機能型居宅介護を活用した場合**

**基本サービス費** 1カ月当たり1万5318円

＋

**総合マネジメントや認知症対応にかかる加算など** 1カ月当たり＋1000～2000円

＋

**処遇改善加算などが算定される場合** 1カ月当たり＋約2000円

⬇

小計 **1カ月当たり約1万8000～1万9000円**

介護保険外となる食事代や日用品などの実費

「泊まり」の際の居住費 1泊当たり2000円程度

「泊まり」や「通い」の際の食費 1食当たり400～500円程度

その他日用品代、水道光熱費など 1カ月当たり1000円程度

⬇

例えば、1カ月当たり4泊、通いが12回として、1カ月当たり**小計1万5000円程度**

**合計1カ月当たり3万3000～3万4000円程度**

＋

福祉用具貸与（レンタル）

**認知症老人徘徊感知機器** 1カ月当たり約800円

➡ **合計 1カ月当たり約3万4000～3万5000円**

## 介護保険外のサービス・支援の活用

- **認知症高齢者用GPS端末**
  例：初期費用5000円＋月額2000円（自治体による補助・レンタルあり）
- **認知症カフェの利用料**
  例：1回当たりのお茶代やおやつ代、その他実費など合計500～1000円
- **認知症の人の病院への付き添いサービス（民間）**
  例：1回の付き添いで約8000～9000円
- **食事の配達サービス＋見守り**
  例：1食当たり600～900円（自治体によって補助がある場合も）

## 介護費用が抱える実態

先の例で述べたように、費用の内訳としては、①介護保険のサービス利用料、②原則として給付外となるサービスの利用料、③「介護保険だけでは賄えないニーズ」にかかる費用の３つが考えられる。

①の介護保険のサービス利用料は、基本料金のほかに「加算」の上乗せもある。例えば「認知症対応を強化する」といった取り組みだ。金額も事業所によって異なってくる。

低賃金が問題になっている介護職員の処遇改善のための加算もある。利用者としては費用負担の恩恵が実感しにくいかもしれないが、就労環境の不安定さは、サービスの質にも関わる。そうした点での理解が求められる費用だ。

②の給付外サービス利用料は、通所介護（デイサービス）での食費や日用品などの実費などが該当する。小規模多機能型では、「泊まり」の際の居住費も別途請求される。

③の保険外費用も軽視できない。認知症介護は、介護保険だけでは賄えないニーズ

もそうとうある。例えば本人が1人で外出した場合に「どこにいるか」を家族に知らせるGPS機器などは介護保険の給付対象になっていない。ただ、自治体によって独自の給付制度を設けていることもあるので、居住する自治体のホームページ等を確認したい。

認知症の人が一人暮らしで家族が遠方に住んでいるといった場合、介護の必要度によっては、家で暮らすことが難しくなる。その場合、施設等に入所・入居する選択肢も出てくるが、給付外サービス利用料である居宅介護にかかる負担が大きくなる。とくに「家賃」に当たる「居住費」は、金額が大きいだけでなく、施設等の類型によって低所得者への補足的な給付（国が定める基準額と低所得者の負担上限額の差額が給付される）の有無があるなど、差が生じやすい。

現在、生命保険業界では「認知症になった場合」などに保険金を支払う保険商品を販売している。例えば、高額になりやすい給付外費用などに、こうした民間保険を活用するという方法もある。

## 施設・居住サービスの費用

先の例は在宅介護のケースであったが、本人が要介護3（1単位＝10円で計算）、利用者負担が1割のケースで各施設・居住サービスを利用した場合の費用を見ていこう。

【認知症グループホーム（認知症対応型共同生活介護）】
・介護保険によるサービス費用が1カ月当たり約2万8000円（基本サービス費のほか、各種加算を含めた費用）
・介護保険外の各種費用が1カ月当たり約11万円（ばらつきあり）
居住費・食費・管理費など。ホームによっては入居一時金等が発生する場合も。自治体によっては居住費に補助金を出しているケースもある。合計では1カ月当たり約14万円程度となる。

【特別養護老人ホーム（介護老人福祉施設）】

〔介護保険によるサービス費用〕
・ユニット型個室の基本サービス費が1カ月当たり2万3790円
・各種加算等（基本的な加算のみのケース）1カ月当たり約3000円
・処遇改善加算等1カ月当たり約3000円
小計で1カ月当たり約3万円。

〔介護保険外の各種費用〕

1カ月当たりの費用は約13万円程度と見積もられる。

内訳は居住費・食費・管理費などだ。介護保険施設の場合、低所得者の居住費・食費負担には補足給付があり、前記の金額はあくまで基準費用を基に算出したものだ。

したがって、合計すると1カ月当たり約16万円（約3万円と約13万円）程度となる。

【介護付き有料老人ホーム（特定施設入居者生活介護）】

〔介護保険によるサービス費用〕

・基本サービス費が1カ月当たり2万0220円

・各種加算等（基本的な加算のケース）は1カ月当たり約400円

・重度者対応の入居継続支援加算Ⅰで算定した場合は1カ月当たり1080円

・処遇改善加算等が1カ月当たり約2170円

小計では1カ月当たり約2万3870円（2万220円＋400円＋1080円＋2170円）となる。（基準として介護保険にかかる費用だけは押さえておきたい）

〔介護保険外の費用〕

月額費用（居住費・食費・管理費）として、10万円前後から数十万円まで極めて多様だ。（ほかに入居一時金が数百万円から数千万円かかるケースもある）

（介護福祉ジャーナリスト・田中　元）

# 「共倒れ」にならないために先人に学ぶ

生活・医療ライター・斉藤直子

認知症は脳の病気が原因のため、本人の中で何が起きているのか、症状の原因がわかりにくいのが厄介なところだ。とくに子どもや配偶者など長年身近に本人と接してきた家族にとって、別人になったかのような本人の変化は受け入れがたく、大きなストレスを抱えてしまう。認知症への理解だけではカバーしきれない心構えを、介護家族の体験談から学んでいきたい。

筆者の８８歳の実母もアルツハイマー型認知症。診断から１０年経つ。父が心筋梗塞で急死し、突然独居になったことがきっかけで一気に認知症が顕在化したが、仕事柄、知識はあったので早々に介護保険を申請し、母の独居は介護保険サービスに支えてもらうことにした。

というのも当時、筆者は子どもの受験で手いっぱい。加えて、自分の家庭や仕事、親の介護を同時に背負えば、生活が総崩れになるのは必至と思ったのだ。

しかし知識が役立ったのはそこまで。すぐに壁にぶつかった。早速始まったのはいわゆる「物盗られ妄想」。「財布が見当たらない」と1日30回もの電話、訪ねると鬼の形相で「金を返せ」と暴言を浴びせられる。元来、朗らかだった母の激変は「病気だから仕方ない」という知識を吹き飛ばすほどの衝撃だった。「妄想を否定してはいけない」ことも知っていながら、激しく応戦してしまう自分にも愕然とした。

転機は診断が下ってから約1年後。掃除上手だった母の住まいはゴミ屋敷寸前に。母自身も食事がおろそかになり、やせ細った。娘としては介護施設に猛烈な抵抗感があったものの、命の危機を感じて母に転居を切り出すと、母はあっさり「そうしよう」と。激しい妄想の奥で、母も現状を変えようと苦悩していたと、そのとき初めて知ったのだ。

サービス付き高齢者向け住宅（介護のプロの見守りがある賃貸住宅）に出合い、母自身が入居を決めた。驚いたのは入居直後から「物盗られ妄想」がピタリとやんだこと。昔の母のように部屋の掃除もできるようになった。認知症が理解される環境、3食きちんと食べられるようになったことも、この変化に大きく影響したと思っている。

## 男の介護のつらさを痛感

60代の中岡良治さん（仮名）は、5年前、18年にわたる介護の末、実母を92歳で看取った。

中岡さんは職場から自宅へ帰る途中に母の自宅や介護施設に寄る通い介護を続けていた。中岡さんの自宅に母を引き取らなかったのは、妻が姑（しゅうとめ）介護を拒否したからだ。

もともと母のいる実家には、姉家族が同居していた。しかし母が姉の悪口を近所に吹聴するなどして姉家族との関係が冷え込み、姉家族が実家から出ていってしまったのだ。

その経緯を見ていた妻は中岡さんの母と暮らすことに強い拒否感を持った。一時は離婚も考えたが、当時、中岡さんの子どもも幼く、妻は「子育てもあるのに介護はできない。家族とお義母（かあ）さんとどっちを取るのか」と迫ったという。家庭は壊すまいと、男一人の介護を決意した。

「母の肌着を買いに行くときにどれを選べばいいかわからず、困ったこともあった。歩くのがおぼつかない母の手を取って歩くのも気恥ずかしく、男の介護のつらさを痛感した」と中岡さん。

それでも男性介護者の会に参加し、同じように妻の協力を得られず、一人で介護している人に会うと「自分だけがつらいのではない」と気が楽になり、心強く思うこともあった。

今も運営に携わっている地元の認知症の家族会では、介護が原因で離婚してしまった人も少なくないという。今は、「妻は協力するのが当たり前」とどこかで思っていたことを前近代的な男のエゴだと反省しつつ「これからは男も介護する時代と覚悟を持つべきだ」と考えているという。

介護を終えた今振り返ると、夫婦それぞれに自分の親を介護すると決めたおかげで、家族との衝突を避けながら母の介護に打ち込めた反面、母と孫との交流が途絶え、自分と妻との会話も減ってしまった。決断が正しかったのか悩むこともあるが、当時は精いっぱいだったと語る。

さらにいちばんの後悔は、母自身が症状に苦しんでいると気づけなかったことだ。母の遺品整理で見つけた日記には、記憶障害が出て周囲を翻弄していた時期、連日のように「大事なことを覚えていられず、悔しい」とつづっていた。「母は『バカにするな』と私に怒鳴るばかりだったが、本人が自分の衰えに苦しみ悩んでいたからこそ、いら立ったのだろう」と、母の心中に気づけなかったことを後悔する。

「認知症になった親の介護は心身ともに大きな負担。分かり合えないつらさもある。しかし親は子どもの幸せをいちばんに望んでいる。つらいときもできるだけ笑顔で楽しく過ごすのが何よりの親孝行だと思い出してほしい」と中岡さんはアドバイスする。

## 話をしてストレス解消

「決して一人で抱えず、多くの人を巻き込みなさい」

60代の木村恵子さん（仮名）は、母の担当医から言われたその一言が、大きな救いになったという。

木村さんと母、弟夫婦は2世帯住宅に暮らしているが、現在97歳の実母の介護はほぼ木村さんが担当。母が認知症と診断されたのは11年前。それまでは母以外が皆、勤めに出て忙しく、家に一人でいる母の異変には気づかなかったという。

気づいたのは、木村さんが病気による休職で長期間家にいたときのことだ。ある日上半身裸になった母が「こんなことになっちゃったの」と言いながら、木村さんに助けを求めてきた。調理中、コンロの火が服に引火し、大やけどを負っていた。救急搬送して大事には至らなかったが、入院先の医師から認知症検査を勧められ、退院後、認知症の診断が下った。

デイケアやヘルパーに頼りながら、しばらくは義妹と一緒に仕事の合間に母を見守る体制でいたが、木村さんの定年退職を機に「やはり介護は実の娘が」との暗黙の要請で木村さんに介護の負担が集中するようになった。「介護は嫁という考え方が今の時代に合わないと理解はしている」と木村さんは話す。

認知症の症状や都度の対応は目まぐるしく変わり、小さなストレスがたまっていった。母が親しい知人宅に「金を返せ」と怒鳴り込むなど、近隣住民に迷惑をかけ、方々に謝りに行ったこともある。しかし周囲が気遣うのは要介護者の母で、介護を担う家族ではない。「介護者は孤独。自分のやっていることが時々むなしくなる」と吐露する。

社会とつながりたいと思い、3年前から認知症カフェに参加するようになった。「周囲を巻き込みなさい」という医師のアドバイスを思い出したことも参加の後押しとなった。

同じ立場の人たちと話すことで、自分の苦境をわかってもらえる安心感が得られたという。「何かが解決するわけではないが、お互いに話すことで気持ちが楽になり力が湧いた。他者の悩みを聞くことで自分が役立っているという実感も救いになった。介護に正解や解決を求めない柔軟な姿勢が大事という学びを得たことも大きい」と朗らかに語った。

**斉藤直子（さいとう・なおこ）**
編集制作会社を経て独立後、女性月刊誌・週刊誌、書籍を中心に健康、医療、生活実用情報を執筆。実母の認知症介護をきっかけに、高齢期の健康、生活、生きがいをテーマに取材中。

# 介護のお悩みQ&A

家族が認知症になると、それまでとは別人になったかのような症状がいろいろと表れる。意思疎通がスムーズに図れない、急に怒り出すなど身近な家族の心理的負担は大きい。脳の病気ゆえ表面的には原因がわからず、理解が及ばないことも心労の一因だ。

しかし認知症の人は自身の症状に苦しみ、不安を感じているからこそこうした不可解な行動をとってしまう。認知症の人の介護拒否や暴言などは、行動・心理症状（BPSD）と呼ばれ、周囲の無理解な態度など二次的な要因で引き起こされることを知っておきたい。認知症を理解した対応が、家族の困りごとを解決するだけでなく認知症の進行抑制にもつながるのだ。認知症介護に詳しい浜松医科大学臨床看護学講座の鈴木みずえ教授のアドバイスを基に、多くの人に表れる症状への対処法をまとめた。

## 【Q1】フラッと出かけて道に迷い、帰れなくなります

出先で帰り道がわからなくなり、一時的に所在不明になる人は毎年増加し、年間16000人程度。今や大きな社会問題にもなっている。外に出る理由は散歩などの合理的な目的だけでなく、かつて勤めた会社に行く、すでに成人した子どもを迎えに行くなどさまざまだ。認知症の影響で現実の時間軸に合わない行動をとる場合もあるため「徘徊」などと呼ばれる。しかし「本人なりの理由があって、外に出ていくのです」と鈴木教授は指摘する。そのため外出自体を責めたり、外に出ないように閉じ込めたりすると本人は傷つき、家族との間に溝ができてしまう。

「認知症介護はできるだけ行動を制限しないのが基本です。外に出たい気持ちは認知症とは関係なく誰にでもある自然な感情。閉じ込めるとストレスになり、認知症の悪化を招きます。本人の不安がきっかけとなり、外に出てしまうことが多いので、外出したい理由についてゆっくり話を聞いて、本人の気持ちを落ち着かせることが大切

です」と鈴木教授は語る。

家族が安全策を講じることも必須だ。出入りを通知するセンサーを玄関に設置したり、持ち物や靴に装着するＧＰＳなどで、探しに行ける態勢を整えたり、さまざまな対策がある。セキュリティー会社の探知機レンタルや捜索サービスを利用するのも手だ。各市区町村には「見守りＳＯＳネットワーク」など地域で捜索を支援する仕組みもあるので登録しておくといいだろう。

近所と親しい付き合いがあれば、認知症であることを伝えておくことで、いざというときに助けてもらえる可能性も。うまく地域のつながりを頼ることも考えてほしい。

２００７年に認知症の人が線路内に迷い込み、電車にはねられる事故があった。鉄道会社が遺族に高額な損害賠償を請求し、最高裁まで争われたが、遺族への請求は棄却された。この事故で認知症の人の行方不明事案が注目され、保険会社の個人賠償責任保険の内容が見直されたり、認知症の人へ向けた個人賠償責任保険の保険料を負担する自治体も出てきたりしている。万一に備え、保険をチェックするのもいいだろう。

## 【Q2】「おまえが財布を盗んだ!」とひどい暴言を吐かれます

財布など大切なものが見当たらないときに、「盗まれた」と思い込み、身近な人を疑う「物盗られ妄想」は、暴言を吐かれたり、何度も疑われたりと介護者にとって大きな負担だ。記憶障害で置いた場所がわからなくなることが一番の原因だが、その背景には認知症による本人の自信喪失がある。生活上の失敗が増え、自尊心を保つために身近な人に「現金を盗んだ」などと疑いを向けて心のバランスをとろうとしているという見方もある。

対処法は、「まず『それは困ったね、心配だね』と本人に共感する。『息子の自分が盗るはずない』などと妄想を否定したり、正論で説得したりすると本人を怒らせて逆効果。できれば誰かと一緒に捜す中で本人が見つけるようにすると、安心し自信を取り戻してくれます」(鈴木教授)。

時間を置いてまた同じ妄想を抱くこともあるが、妄想は認知症の症状ではなく、不安やストレスが原因となって引き起こされるBPSD。家族が辛抱強く対処して安心感が得られれば、BPSDの起こる頻度を減らすこともできる。大切な物の置き場所を決めて家族で共有するなど、見つからなくなる状況を減らす工夫も重要だ。

## 【Q3】デイサービスは嫌！　介護拒否にウンザリ

家族も自身の生活をやり繰りしながら介護に当たっているのに、ことごとく拒否をされるのは困りもの。何度もなだめたり強制したりすると感情的になり、乱暴な言動に発展することもある。

「効率を優先するあまり、つい自分の都合で矢継ぎ早に指示や命令をしていませんか？」と鈴木教授は指摘する。「認知症になると、理解したり、人に言葉で伝えたりする機能が低下する一方で、悲しみや悔しさなどの感情にはむしろ敏感になります。拒否は、家族の言葉がすぐに理解できない不安と、ないがしろにされているいら立ちの表れであることも多いのです。本人のできないことをよく理解してゆっくり話したり、順を追って一つひとつ説明したり、伝える工夫をしてみましょう」（鈴木教授）。

体調不良をうまく伝えられない場合もあるので、かたくなに嫌がるときは無理強いしないことが肝心。家族の考える介護計画がこなせなくても、本人のペースに合わせる余裕を持つことも大切だ。

本人が興奮しているときはケガを避けるために安全な場所で距離を置こう。落ち着いてからゆっくり話すと聞き入れてもらいやすい。

## 【Q4】何度も同じ話を聞かれ、疲れます

認知症初期に表れる短期記憶障害はついさっきのことが思い出せないため、話したばかりの話題を初めてのように繰り返す、大切な予定を忘れる不安から何度も質問することが多い。介護初心者の家族には、煩わしさ以上に肉親が変わってしまった驚きや切なさがありストレスは甚大だ。

「認知症の症状と受け止め、できるだけ同じように繰り返し対応しましょう。認知症の人にとって信頼する家族の無理解は大きな絶望につながります。同じ話を繰り返すことへのいら立ちは直接ぶつけないよう心がけ、苦しいときは話題を変え、穏やかな会話を続けることが大切です」と鈴木教授はアドバイスする。

このように認知症介護の困りごとは日常生活の中で次々起こる。症状は多様で個人差も大きいので、マニュアル的な解決策が必ず有効とは限らない。そんなとき、介護保険を利用していれば介護の専門職、ケアマネジャーに相談できる。

ケアマネジャーはケアプランを作ることだけが仕事ではなく、われわれが知らない介護のコツや地域の支援制度など多様な情報を持っていて、相談次第では解決の道が開けることもある心強い存在だ。

とはいえケアマネジャーにもいろいろな人がいるのも現実。医療的な知識が豊富な人、地域情報に詳しい人、介護関連の職種に幅広い人脈のある人など、それぞれ得意分野があり、経験、性格、介護に対する考え方もさまざまだ。

家族だけで抱え込まず、介護保険サービスや地域資源などを活用しながらケアマネジャーとの二人三脚で支えていくことが重要なので、ケアマネジャーとの相性は捨て置けない条件ともいえる。

もし意見や性格が合わなければ、ケアマネジャーは替えられることも覚えておこう。現在のケアマネジャーが所属する事業所に意向を伝えて交代を要請するか、管轄の地域包括支援センターに相談するとよい。いずれにしても自分の介護の方針や現状の不満点、希望などをきちんと整理して、相談に臨むことが重要だ。

（生活・医療ライター　斉藤直子）

## ユマニチュード実践の要

認知症介護の手法としてフランス発の介護技法、「ユマニチュード」に注目が集まっている。

ユマニチュードとは「介護を受ける当事者を人間として尊重するケアの手法」のこと。認知症介護は意思疎通が難しく、精神的な負担が大きいが、ユマニチュードを用いることでケアをすんなり受け入れてくれるようになった、という声が多い。日本ユマニチュード学会の本田美和子代表理事は「ユマニチュードは、介護を受けるあなたを大切に思っているという気持ちを本人が理解できる形で表現することで、ケアを受け入れてもらいやすくできる」と語る。

ユマニチュードのポイントは2つ。1つ目が相手とよい関係を結ぶこと、2つ目が当事者の持つ力を奪わないことだ。そしてその2つを実践するに当たり、「見る」「話す」「触れる」「立つ」の4つの技術が柱となる。これらは認知機能が低下している当事者の特性を理解したうえで組み立てられている。

「見る」で重要なのが、当事者の知覚範囲である正面から、近くで目を見て話しかけること。「話す」際も相手が聞き取りやすい声で、なるべく多く前向きな内容を話す。「触れる」でいちばん重要になるのが、つかまないこと。なるべく広い範囲を下から支えるように触る。認知症の人でなくとも、自分の意図しないところから突然話しかけられたり、急に腕をつかまれたりすれば、安心感は得られない。これらの技術は、「大切に思っている」気持ちを伝えるために重要だ。

「立つ」技術とは、1日20分程度、自分の力で立つ機会をつくる手助けをすること。一度に20分立つ必要はなく、トイレに行く際の5分、着替えの際の3分など、立ってもらった時間の合計が20分程度になればよい。「立つ」に加えて、本人が自発的にやろうとしていることを遮らない、できる家事を手伝ってもらうことも当事者の生きる力を維持するために必要だ。

## 伝える技術を磨く

４つの技術を用いる手順も重要視される。まずノックなどで来訪を告げる。次によい関係を結ぶために話しかけたり触れたりして、ケアを安心して受け入れてもらう準備を整える。そこから実際のケアに移る。ケアが終わった後は共によい時間を過ごしたことを確認する言葉で振り返り、最後に「また来ますね」と再訪を約束する。一連のステップで、４つの技術を活用し、ケアの時間を心地よいものと感じてもらうことがポイントだ。

とはいえ、在宅介護で家事や仕事をしながらユマニチュードのすべてを完璧にこなすことは難しい。「介護者は、優しさが足りないからうまくいかないと自分を責めがちだが、優しさが足りないのではなく、伝える技術がわからないだけ。どこかに必ず解決策はある。また、解決策を探すだけでなく、周囲を頼ることも、大切な介護の技術」と本田氏は語る。
うまくいかないときは、技術にとらわれず、ユマニチュードの基礎に立ち返ることも有効だ。相手に気持ちを伝えるにはどうすればいいか、完璧でなくとも技術を少しずつ応用していく。自分を大切にできなければ、相手を大切にできない。できる範囲でユマニチュードを取り入れて、お互いに負担なく、安心できるケアの方法を探すことが肝心だ。

（大竹麗子）

# 失敗しない施設の選び方

介護・医療ジャーナリスト　長岡美代

なぜ、あんなひどいことを言ってしまったのか――。

都内に住む永島陽子さん（58・仮名）は、ため息をつく。同居する母親から何度も同じことを聞かれ、大声で怒鳴ってしまったからだ。「認知症による物忘れだとわかっていても、仕事で疲れているとついキツい言葉で当たってしまう」と、自責の念を募らせる。

認知症の介護は体力だけでなく、精神的な負担も大きくなりやすい。まじめな人ほど「まだまだ自分でできる」と思いがちだ。しかし、無理をすると共倒れになりかねない。疲れを感じたらショートステイの利用や施設入居を検討するのが望ましい。では、実際にどのような施設があるのか見ていこう。

まず、入居施設の中でも認知症に特化しているのが、認知症グループホーム。9人程度の少人数で生活を共にし、食事の準備や掃除など各自ができる範囲で行うのを支援する。所在地の住民に利用が限られるので狭き門となりがちだが、これ以外でも要介護者向けの施設であれば、おおむね認知症への対応は可能となっている。

次表は主な施設の概要と費用の目安を示したものだ。多岐にわたるのでどう選んだらいいのか迷う人も多い。昨今は民間の有料老人ホームやサービス付き高齢者向け住宅（サ高住）の台頭が著しいが、同一の類型でも軽度者向けから重度・看取りまで対応できる施設まで多様化しているので、なおさら選びにくくなっている。

◆ **主な高齢者向け施設の概要と費用の目安**

| 対象 | 介護の契約 | 施設類型 | 特徴 | 一時金の目安 | 月額費用の目安 | 居住費・食費の軽減策 |
|---|---|---|---|---|---|---|
| 軽度〜重度 | 別途型 | サービス付き高齢者向け住宅(サ高住) | ・安否確認と生活相談がついたバリアフリーの集合住宅(個室)<br>・軽度者向けが中心 | 0〜数十万円程度 | 14万〜17万円程度<br>22万〜27万円程度(23区) | × |
| 軽度〜重度 | 別途型 | 住宅型有料老人ホーム | ・居室や設備の仕様はさまざま。開設に規制がなく、増加中<br>・訪問医と連携して重度者や看取りに対応できる施設も増えている | 0〜数百万円程度<br>平均約350万円(23区) | 12万〜15万円程度<br>18万〜23万円程度(23区) | × |
| 軽度〜重度 | 包括型 | 介護付き有料老人ホーム(特定施設) | ・規定の介護・看護職員らが日常の介護を提供する施設<br>・費用は、立地や設備、事業者の考え方で大きく違う | 0〜数千万円程度<br>平均約1000万円(23区) | 22万〜25万円程度<br>28万〜33万円程度(23区) | × |
| 軽度〜重度 | 包括型 | 認知症グループホーム | ・認知症と診断された人向けの施設。少人数のグループケアが基本<br>・所在地の住民のみに利用が限られている | 0〜数十万円程度 | 12万〜14万円程度 | × |
| 軽度〜重度 | 包括型 | 介護老人保健施設(老健) | ・専門職によるリハビリが受けられる施設。平日・日中は医師も常駐<br>・基本は在宅復帰を目指すが、自宅と施設を行き来する利用も可能 | なし | 10万〜14万円程度(多床室) | ○ |
| 中重度 | 包括型 | 特別養護老人ホーム(特養) | ・「要介護3」以上の中重度者向けの施設。終身利用ができる<br>・介護度や認知症の程度などによって入所の順番が決まる | なし | 10万〜12万円程度(多床室)<br>14万〜17万円程度(個室) | ○ |
| 重度 | 包括型 | 介護医療院(または介護療養型医療施設) | ・病状は安定しているものの、医療的なケアが必要な重度者向けの施設<br>・医師が常駐し、看取りへの対応も可能 | なし | 13万〜17万円程度(多床室) | ○ |

(注)「一時金」や「月額費用」は、施設によって違いがある。住民税非課税世帯は、居住費と食費が安くなる施設もある(表右端参照)。「月額費用」には、居住費、食費、介護費概算(1割負担の場合)、管理費、日用品費などを含む　(出所)筆者作成

## 「安・近・短」に要注意

施設を選ぶ場合には、介護体制の違いとその特徴を押さえておけば整理しやすくなる。「包括型（職員常駐型）」と「別途（契約）型」の２つの類型に分かれており、前者は部屋と介護サービスの契約が一体になったタイプ。特別養護老人ホーム（特養）や介護付き有料老人ホームなどがこれに該当する。介護職員が入居者３人に対し常勤換算で１人以上配置され、２４時間体制でケアが受けられる。介護費用は施設類型によって違うが、介護度ごとに一律の定額制だ。

一方、後者の別途型は、部屋の契約とは別に、個々人が希望する介護サービスを別に依頼する。ケアマネジャーと相談して必要なサービスを利用するので、介護費用は使った分だけ払う従量制。住宅型有料老人ホームやサ高住がこのタイプだが、夜間や休日にサービスが提供されない施設もあるので、事前の確認が欠かせない。

さらに別途型では、系列の通所介護（デイサービス）や訪問介護などの事業所を併設・隣接させ、介護保険からの報酬欲しさに必要以上のサービスを利用させる「不当な囲い込み」も横行する。

首都圏にあるサ高住の館長は、「経営者が替わった途端、系列のケアマネジャーや通所介護、訪問看護などに強引に変更させられ、介護保険で利用できる限度額の目いっぱいまでサービスが組み込まれた。入居者は言いくるめられて契約書にサインしてしまっている」と打ち明ける。訪問介護のヘルパーが確保できていないのに、同一時間帯に複数の入居者にサービスを提供するケアプランを見せられ、愕然としたという。

そうした事業者のモラルは当然低く、入居者をかき集めるために月額費用を安くしているところもあるので注意が必要だ。サービスの手抜きや身体拘束が生じやすく、心身機能が急激に衰えてしまう例もある。施設を探す家族は「安価・家から近い・短期間」で決めてしまいがち。近隣の相場よりも安すぎる場合は、なぜ安価なのか理由を聞いて、納得できる返答があるかで見極めるといい。

## 玉石混淆の紹介センター

家から近い施設は面会には好都合だが、必ずしも希望どおりに見つかるとは限らない。費用が安く、終身利用ができることから人気の特養は、東京23区内では満床の施設が多い。だが都内でも市町村部や、埼玉、千葉などの近隣県に足を延ばせばすぐに入れるか、待機期間が短くて済む。当事者、介護者が共倒れしないためにも、諦めないで条件に合う施設を探したい。

昨今は無料で利用できる老人ホーム紹介センターの参入も増えているが、留意すべき点もある。首都圏に8カ所の相談窓口を持つキットカンパニーの平家宏代表は、「ネットで予算や状態に合った施設を絞り込めるのは便利だが、パンフレットを送るだけで、相談員が施設の実態を知らないで紹介している場合も多い」と話す。紹介センターは契約に至ると施設から手数料を受け取るビジネスモデル。高い手数料が取れる施設を強引に薦める悪質な例もあるという。自身で探す場合には、最寄りの地域包括支援センターやケアマネジャーに評判を聞く手もある。

いずれにせよ、施設の限界を見極めることも大切だ。口頭で聞くほか、重要事項説明書をもらえば、退去要件や過去の実績などもわかる。最初から〝終の住処（ついのすみか）〟を求めず、症状の進行に伴って住み替えるほうがいい場合もある。本人にとって居心地のいい施設を選ぶと失敗しにくい。施設の選択肢は広がっているので、上手に選んで本人と向き合う時間を大切にしてほしい。

**長岡美代（ながおか・みよ）**

20数年にわたり老人ホームや在宅介護・医療の現場、制度・政策の動向を取材。独自調査による報道にも力を入れる。著書に『介護ビジネスの罠』『多死社会に備える』など。

## 作業療法でお悩み解決

アルツハイマー型認知症である筆者の実母（88）は長年、湯舟につかるのが日課で、サービス付き高齢者向け住宅（サ高住）で暮らすようになってからも自室のユニットバスで入浴を続けていた。しばらくは習慣で湯につかり、頭や体を洗えていたが、あるときから洗髪ができていないような汚れが目立つようになった。

「いよいよ入浴介助サービスを導入しなければ」と思ったが、サ高住の介護士がある工夫をしてくれた。その工夫とは、いくつか並ぶボトルのうちシャンプーに大きな太文字で「シャンプー」と書いたラベルを貼り、さらに目の前に「①シャワーで髪を濡らす、②シャンプーを手に取り洗う」と洗う手順を書いたプレートも貼るというもの。

すると驚くことにまた、自分で洗髪できるようになった。

母は認知機能が低下したことで、小さな表示の「シャンプー」が知覚しにくく、目の前のボトルが何であるか、髪をどのように洗えばいいのかがわからなくなっていたと思われるが、目に入りやすいラベルのおかげで母の文字を理解する力が生かされ、再び、洗髪ができるようになった。

日常の中のささいな出来事かもしれないが、本人や家族には非常にうれしく、これぞまさに作業療法的工夫の成功例だと感じ入った。

## リハビリの現場は日常に

リハビリとは心身に障害を負った人が社会生活に復帰するための機能回復訓練のこと。運動機能に関わる理学療法、会話や嚥下（えんげ）能力に関わる言語聴覚療法、そして日常生活という幅広いフィールドでその人らしい暮らしを続けるための工夫を生み出すのが作業療法だ。これらは「リハビリ三職種」と呼ばれ、各療法士は国家資格で、医療機関や介護事業所・施設、居宅訪問などでリハビリを行っている。

中でも作業療法は認知症リハビリにおいて重要だ。そもそも認知症はそれ自体が病気ではなく、アルツハイマー病などの原因疾患の影響で日常生活に支障が出てきた状態を指す。原因疾患による症状は、記憶や見当識（時間や場所の認識）の障害、理解・判断力の低下など多岐にわたるが、進行して生活上の失敗が出てきても、工夫して生活を回すことができれば、認知症の進行を緩やかにしているということもできる。その工夫こそが作業療法の根幹である。

認知症の原因疾患の多くが根治できない中、病気として治癒や改善を図るのではなく、症状から生じる困難を工夫で乗り越えながら生活を維持することも、1つの目標だろう。作業療法はその基礎を支える技術といえる。

東京・世田谷にある桜新町アーバンクリニックの在宅医療部所属の作業療法士、村島久美子氏によると認知症リハビリにおける作業療法には大きく2通りあるという。

まずは冒頭のように、食事・入浴・排泄などの基本的な生活動作が滞ったとき、スムーズに生活動作を行えるようにする工夫だ。

認知症の人が季節に適した服装ができなくなるのはよくある事例。認知症の老親を介護していると、なぜできないのか理解ができず、うまく対処できないことが多い。一方、作業療法士は、なぜ「適切な服を着る」という作業ができないのか、その原因を、本人との対話や観察から分析する。

認知症により今の季節がわからない、着たい服がどこに入っているかわからない、服の着方がわからない。あるいは高齢のため寒暖の感覚が鈍っている、腕が思うように上がらず棚の上段に手が届かないなどと推測しながら工夫を模索する。例えば、棚の中でも取り出しやすい引き出しに季節ごとに服を入れ替えたり、「セーター」「肌着」などと文字と絵を併用して表示したり、服を着る手順を一緒に練習して生活機能の改善も図る。しかしながらプロとはいえ作業療法士も原因を簡単には特定できず、工夫も試行錯誤を重ねる。1つの方法がダメでも諦めず、丁寧に探っていくことが重要なのだという。

また、家族が施設入所を考える契機にもなる排泄の失敗。実は、尿意がわからず失禁するのはかなり症状が進行してからで、自宅のトイレがどこかを忘れたり、下着の着脱や便器に座るのがうまくできなかったりして間に合わないケースも多く、工夫の余地がある。「『ここがトイレ』と一目でわかる表示を扉に貼るのが効果的だ。本人がうまく体を動かせない場合、手すりの設置や使い方の練習でうまくいくこともある」（村島氏）。

薬を飲んだかどうか忘れて服薬管理ができなくなるのも、本人の大きな自信喪失になる。村島氏によると、月間カレンダーに当日分の薬を貼り、その横に今日の日付が表示されるデジタル日めくりを設置したところ、本人が自分で服薬管理できるようになった事例もある。自力でできるという自信を持ち続けることは、認知症の人が快適に生活を送るうえで大きな意義を持つという。

## 余暇も症状抑制に有効

作業療法が力を発揮するもう1つの場面は余暇である。新聞を読んだり、音楽を聴いたり、近所の人と談笑したりすることも生活の重要な一部。だが、認知症になるとこれらはないがしろにされがちだ。こうした生活の楽しみを守り、症状の進行を抑えるよう工夫することも、作業療法の範疇である。

例えば長年、畑仕事が日課だった人が認知症になったときは、「朝起きて植物の生長を楽しむという従来の生活リズムを崩さず、日常の感動を守るために、手近で世話のできるプランター栽培を勧めたりする」（村島氏）。

デイサービスや地域のコミュニティーで歌唱や体操、ゲームをすることも症状の進行を抑制するために有効だ。歌う、体を動かすなどの作業的な意義だけでなく、家から出て社会参加するという要素も加わるからだ。脳の認知機能を最大限に使う他者とのコミュニケーションは、認知症の進行抑制に効果があるが、加えてデイサービスに出かけるのに合わせて体調を整えたり、施設に4時間、8時間滞在するための体力をつけたり、当日着ていく服を選んだりと、長いスパンで生活の中のリズムをつくっていくのも作業療法である。

一方、「デイサービスでみんなと歌うのは嫌だ」と拒否する認知症の人も多い。そんなときは「歌いたくなければ歌わなくてもいい。でも懐かしい歌が流れたら、その歌を楽しんで、よかったらどんな思い出があるか教えてください、と伝え、回想法に持っていくという方法もある」と村島氏は語る。

回想法とは、症状が進行して新しい出来事を忘れても、残っている古い記憶について語り合うことで心の安定や自尊心を取り戻す心理療法のこと。このほかにも、音楽や美術、演劇などを使ったいろいろな芸術療法が介護現場で行われており、作業療法の手段の1つとして用いられることもある。

「認知症の症状悪化の要因は、症状によりできないことが増える自信喪失と、そのつらさを受け止めてもらえない環境にある」と村島氏は指摘する。正解も失敗もない思い出話や芸術などを楽しむことが自尊心の回復につながる。心とはすなわち脳であり、心から楽しむことが脳の活性化につながるのだ。認知症でも豊かな生活を営むことが何よりのケアであり、作業療法が支える要所でもある。

認知症の症状をよくしたいと思ったら、本人がスムーズに暮らし、余暇を楽しめるように工夫することが第一。最先端のセラピーを追いかけるのではなく、本人を観察し、動作がうまくできない原因を探り、日常生活の中の何を続けていきたいのかを考えて、作業療法的工夫にトライしてほしい。

本人の性格や生活歴をよく知る家族ならではの工夫は、より本人らしい暮らしを支えることになるだろう。ひいてはそれが認知症の進行抑制にもつながるのだ。

（生活・医療ライター　斉藤直子）

## 資産保全策は事前が最善

「認知症と診断されると銀行口座が凍結される」。そんな話を一度は耳にしたことがないだろうか。では、実際はどうなのか？　資産や相続への影響、対応策について解説していこう。

「認知症になると意思決定を伴う行為が制限されるのが一般的だ」と指摘するのは、相続を専門に扱う税理士法人レガシィの天野大輔代表。具体的には次のようなことができなくなる。

・預貯金口座の出金・解約・振り込み
・有価証券等の取引、株主なら議決権の行使

・不動産取引（売買・管理・修繕）
・生命保険の契約・請求
・生前贈与（暦年課税、相続時精算課税）
・遺言書の作成（自筆証書遺言、公正証書遺言）

ただ認知症と一口にいっても、その症状はさまざま。軽度である程度の判断力があれば、本人がATMや窓口でお金を下ろしているのが現状だ。一方、通帳・キャッシュカードを何度も紛失したり、著しく判断力に欠ける行動が見られたりする場合は、トラブル防止を目的に金融機関が預貯金口座の利用を停止する。ただ、明確な基準はなく、内規に従って判断するという。

「それ以外に、子の申告で利用を止められることもある」と打ち明けるのは、NSパートナーズ司法書士事務所の新宮信之代表。診断書の有無は関係なく、「親が認知症で判断能力が衰えているから代わりに出金に来た」と伝えると、その場で出金できないばかりか、その後の出入金もできなくなる可能性がある。「金融機関は振り込め詐欺対策もありシビアな対応をする。本人の状態に問題があるなら、本人が来ても出金には応じない」（レガシィの代表社員税理士・木下裕行氏）。銀行などの金融機関だけでなく、証券会社や不動産仲介会社でも同様の対応になるという。

## 判断できるうちに手続き

規定では、通帳やキャッシュカードの利用は本人のみに限られている。ただ、実態として親に認知症の兆候が見られても、金融機関に告知せず、子どもが親のキャッシュカードを使ってＡＴＭから日々の生活費を引き出しているケースは少なくない。

そうした後ろめたい行為を避けるためには、指名された代理人がＡＴＭで現金を引き出せる「代理人カード」を事前に用意することだ。「口座名義人と生計を同じくする家族が一緒に出向くと、多くの金融機関で発行できる」（新宮氏）。また、二親等以内の親族なら、「代理人指名手続き」による引き落としも可能だ。細かいルールは機関により異なるので、検討の際は事前に確かめたい。ただいずれも親（本人）が意思決定できることが条件だ。同様の代理人制度は保険・証券にもあるので、同じく事前に確かめておきたい。

では、実際に凍結されてしまった場合はどうすればよいか。

その解決方法が「成年後見制度」の利用だ。これは、認知症の人の財産を守るため、財産管理や契約を行う代理人を立てる制度。制度には「任意後見制度」と「法定後見制度」の2種類がある。

前者は意思能力のあるうちに被後見人（親）自らが後見人を決め、「任意後見契約」を締結しないといけない。そのため認知症発症後の選択肢は「法定後見制度」に限られる。こちらは、家庭裁判所が後見人などを選ぶことになる。

近年は弁護士や司法書士など専門家が選ばれやすい。親族による不正が横行しやすいというのが理由だが、子どもが後見人になると、相続発生時は相続人と後見人が利益相反関係になるため、遺産分割協議に参加できない問題が発生する。「特別代理人を裁判所が選ぶことになるが、手続きに時間がかかる」（新宮氏）こともあり、親族が敬遠しているようだ。

専門家が選ばれた場合は本人が亡くなるまで、資産状況にもよるが月2万円ほどの費用が生じる。財産保護を優先する前提なので積極的な資産運用は行わず、被後見人に有利な行為をするとも限らない。

さらに、不安もある。専門家など職業後見人による使い込みや、親族の同意を得ずに手数料目当ての過度な資産売却を行うといったトラブルが相次いでいる。そうした問題点があることを考慮したうえで、制度を利用するか検討したほうがいいだろう。

実情はさておき、成年後見制度を使わないとなると、親が亡くなって遺産相続をするまで、預貯金の引き出しは難しくなる。

親の立場からすると、判断能力があるうちに、財産分与などの相続対策を考えておきたい。その解決策の1つが遺言書の作成だ。

「基本的には、相続人以外に2人の証人が必要な公正証書遺言を残したい」(新宮氏)。自筆証書遺言の場合、紛失防止のため法務局で預かってもらう自筆証書遺言書保管制度を活用すればよい。

元気なうちなら暦年課税や相続時精算課税での生前贈与も可能になる。とりわけ、年間110万円以下は非課税扱いになる暦年贈与は実践しやすい。

なお、残された配偶者（相続人）が認知症だと遺産分割協議が進められず、後見人の選定が必須だ。ところが、被相続人が亡くなってから法定後見制度の申し立てをしても、相続税の納付期限に間に合わないおそれがある。こちらも事前に対策を講じるのがベストだ。

本人の意向を反映しやすい手段としては家族信託がある。2007年開始の制度で、自らの家族に対して財産を信託する契約により、家族は預貯金や株、不動産などの受託財産を管理・運用できる（後述）。

（ライター・大正谷成晴）

横領に移動制限……ひどい実状

## 成年後見制度の落とし穴

後見の杜　代表・宮内康二

2000年にスタートした成年後見制度。立法担当者によれば、「家族が無料で、家族の後見人をする想定で制度を設計した」という。しかし近年、家庭裁判所により家族が後見人に選ばれるのは2割程度で、8割は成年後見業界に参入してきた弁護士や司法書士などが選ばれている。家族以外が携わる〝後見ビジネス〟がもたらす惨状と対処法を紹介する。

## 資産をギャンブルに

2022年に入り、熊本県の後見人弁護士が、自らが担当する被後見人2人の資産2億4000万円超をギャンブルにつぎ込んでいた疑惑が持ち上がり、業務上横領の疑いで所属する熊本県弁護士会から刑事告発された。その後逮捕され、家庭裁判所は後見人を解任した。

このようなことは珍しくない。ネットで「後見人 横領」と検索すれば、職業後見人による横領事件の数々を確認できる。事件があるたびに、弁護士会や司法書士会が「極めて遺憾」という声明を出すが、後見人になるための研修を実施し、「後見人候補者」として、全国の家庭裁判所の後見係に推薦したのは彼らである。

日本弁護士連合会は、2017年に仲間が横領した金額の一部（上限5000万円）を返す依頼者見舞金制度を定めた。それは後見制度悪用をはじめ横領事件は起こりうると考えている証左だろう。

家庭裁判所が選任した後見人により、「売る必要のない実家を売り飛ばされた」「満期前の保険を解約された」「年80万円の配当を得られる株が処分され、年1万5000円の預金利息しか得られなくなった」という苦情が私の元に毎日のように寄せられる。

職業後見人が無駄なことをするのは、自らの報酬を増やすためといえる。後見人の報酬は家庭裁判所が決める。その際、被後見人の預貯金が多ければ後見人の報酬が上がる仕組みがある。だから後見人は、被後見人の不動産・保険・株を処分し預貯金にするのだ。

預貯金が減れば自らの取り分が減るので、お金を使わせないように仕向ける。旅行はダメ、美容院もダメ、携帯電話はもったいない、孫の入学祝い金などとんでもない、地震で倒壊したお墓を直すのもダメ、正月のお節料理もダメとなる（すべて実際の話）。そして、預貯金額が低い人の後見の仕事は引き受けないことが多い。

８６００万円の預貯金がありながら、月４０万円の老人ホームに妻と一緒に入ることを拒否され、チープな施設で息を引き取った８０歳の男性がいる。一緒に住めないことに激高する妻に対し、後見人（行政書士）は、「１００歳まで生きたらお金が足りなくなるかもしれないから」と説明していた。しかし、その1年後に男性は死亡。高校時代から一緒だった夫婦の晩年は二度と帰ってこない。

若年性認知症の妻に治療を受けさせ、それなりの効果もあったのに、妻の後見人弁護士から、「どうせ治らない、お金の無駄」と言われたご主人（70歳代）がいる。われわれが後見人に苦情を入れると、いたはずの病院からどこかへ連れ去られてしまい、1年以上会えない。居場所を聞いても教えてもらえないので、「誘拐じゃないか！」と後見人が所属する弁護士会に苦情を言っても、後見人を選んだ家庭裁判所に苦情を入れても、門前払いだった。金で済む横領よりひどい後見の実状である。

「社長に後見人がつき会社を乗っ取られた」という相談を受けることもある。後見人は、被後見人となった社長に代わって議決権を行使できるが、それが裏目に出た。

いわゆる後妻業にしてやられたケース、社長に解雇された税理士が腹いせに社長の遠戚を使って社長を被後見人にしたケース、会社のためによかれと思って後見制度を使ったがとんでもない後見人がついたケースなど、変な後見人がついたことで会社も取引先も困窮する例は、枚挙にいとまがない。

取引銀行は、手のひらを返したように、社長より後見人の意向を優先する。成年後見制度を悪用することを指南する士業もいる。

そうしたとんでもない後見人に当たってしまった場合の対策は2つある。

## 取り消し・追加で対応

1つは、後見を取り消すこと。医師から、被後見人の状態が以前より回復したことを示す診断書を出してもらい、家庭裁判所に「後見開始の審判の取り消し」を求める。認知症は治らないとされるが、成年後見制度における3つのレベル、すなわち、何もできないしわからない場合に置く「後見」、支援を受ければできることやわかることがある場合に置く「保佐」、かなりのことができるしわかる場合に置く「補助」の3段階で上下することはよくある。諦めてはいけない。

面倒なことに巻き込まれたくないと考え、「裁判所に出す診断書は書きたくない」という医師もいる。しかし、それは不当な診察拒否にすぎない。後見を取り消すために2〜3人の医師を回る家族も少なくないが、後見が取り消されたときの経済的かつ心理的な価値は抜群に高い。

もう1つは、「私を後見人に追加してほしい」という手続きだ。後見人は1人とは限らない。お金のことは後見人Aが担当し、施設のことは後見人Bが担うという役割分担型もあるし、AとBの2人で一人前の後見人とする協働型もある。いずれにせよ、「後見人の追加選任」の申し立てをすると、それまでの職業後見人が辞任することもあるのでチャレンジしてほしい。

後見トラブルのほとんどが、家庭裁判所に後見人を決めてもらう法定後見によるものだ。公正証書で家族や友達に将来の後見人になるよう頼んでおく任意後見の場合、トラブルはほとんどない。

法定後見の場合、支払う報酬が年何百万円にも達することがあるが、任意後見なら「月額3万円」というように頼む人と頼まれる人が金額を決めるので、明朗会計となる。業務内容も話し合って決めることができる。資産や不動産はこうしたい、会社はこうしたいなど将来を見据えて話し合い、それを契約に盛り込むことができる。

任意後見を頼んだ人が認知症等になり、実際にその後見がスタートする確率は3〜4%程度。ただ、法定後見より断然ましなのでお守り代わりに任意後見契約を結んでおくことを強く勧める。

任意後見がスタートすると家庭裁判所が弁護士等を監督人として派遣してくる。その監督人がOKしないと後見人といえども仕事ができないという特約を契約書に盛り込んでくる公証人もいる。任意後見においては、「監督人の同意を要する特約は削除」と公証人に明確に伝えることが、内在するトラブルを防止するための有効策でもある。

**宮内康二（みやうち・こうじ）**
早稲田大学人間科学部卒業。ニッセイ基礎研究所研究員などを経て、成年後見に関する教育や相談事業を行う一般社団法人「後見の杜」代表。著書に『成年後見制度の落とし穴』など。

相続対策と資産凍結対策を兼ねる

# 一石二鳥の家族信託活用

宮田総合法務事務所代表　司法書士・行政書士　宮田浩志

「家族信託」は、信託法という法律を根拠にした財産管理の仕組み。親（委託者兼受益者）が持つ不動産や金銭の管理を親が元気なうちから子（受託者）に任せ、親の理解力（判断能力）が低下してもその管理や処分が滞らないようにして老後の財産管理を万全にする。親が亡くなった後は、円満・円滑に財産を次世代に承継・相続させる仕組みとして活用するケースが典型的だ。

◆ 子など家族に財産の管理や処分を信託
—家族信託の仕組み—

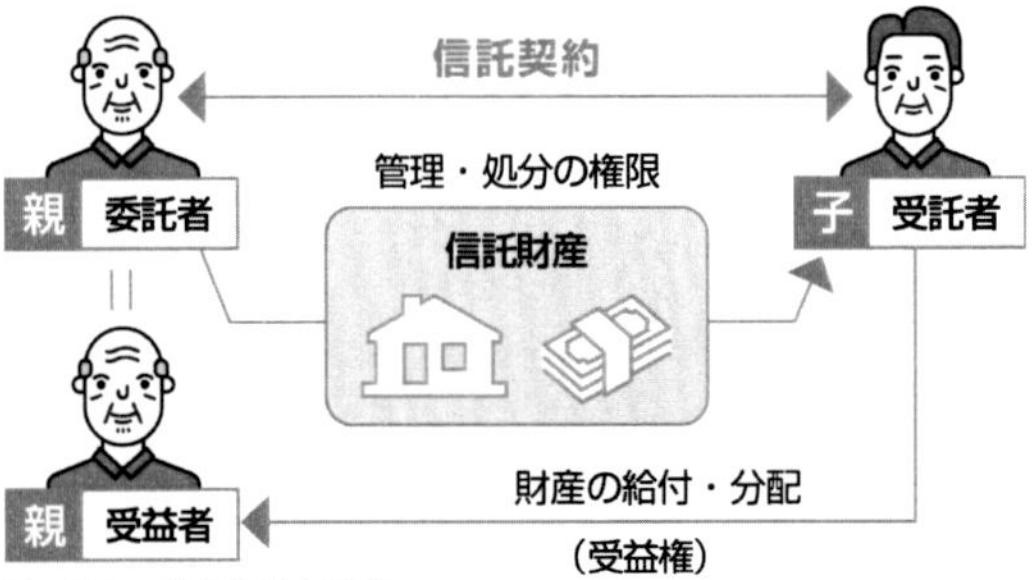


(出所)宮田総合法務事務所

認知症などで判断能力が著しく低下した親の財産管理方法としては、「成年後見制度」が知られている。この制度は、家庭裁判所が関与・監督する仕組みなので、よくも悪くも堅実・保守的な財産管理が求められる。家族が後見人になると事務負担が増え、できなくなることなどの制約が多い。そこで、親が元気なうちの対策として、成年後見制度に代わる柔軟かつ軽負担の財産管理の仕組みである家族信託への注目度が高まっている。

家族信託の進め方については後述するとして、先に家族信託を実行するとどうなるか説明したい。

家族信託は、保有財産の管理を託す親と、その財産を管理し親の老後を支える子との間で「信託契約」という契約を取り交わすことで実行するのが一般的だ。この契約は、公証役場で公正証書にすることが望ましい。信託契約を締結すると、その契約で管理を任せた財産（これを「信託財産」といい、自宅・アパートなどの不動産や金銭などが典型）のうち、不動産については、管理を担う受託者の住所・氏名が登記簿に記載される（この手続きを「信託登記」という）。一方、金銭（現預金）については、信託契約でいくらを託すかという現金の額を記載するだけではなく、実際に受託者たる子が新規で開設した信託専用の預金口座に現預金を移動し、子の管理下に置く。信託契約に加えて信託登記や金銭の移動までやり遂げることで、受託者たる子が完全に管理を掌握することになる。それ以後は、老親の判断能力が低下しても、子に任せた財産は、支障なく管理や処分（具体的には、不動産の賃貸や売却、高齢者施設の入所一時金等の高額な金銭の支払いなど）ができる。

## 専門家のサポートが必須

実際に家族信託を検討・実行する場合、自分たちだけで手続きを進めることはかなり難しい。弁護士・司法書士・税理士などの法律専門職でも、家族信託に精通しているのはごくわずか。家族信託や成年後見制度に精通した専門職を探して相談しながら、親子交えて検討することが必須となる。

実際に検討する際は、親子全員が集う「家族会議」を開き、親の保有資産や年金などの収支状況を家族内で情報共有する。以前は子に自分の財産状況を開示することをためらう親も多かったが、将来的に介護などで支えてくれる子にはいずれ親の生前に把握してもらう必要が出てくるので、あらかじめ財産状況を整理して子に伝えておこうという親が増えてきている。

情報共有したうえで、人生100年時代の長い老後生活の資金繰りをどうすべきか、家族で話し合うのが理想的だ。

例えば、親の年金が少ないケースでは、親が入院や入所をせざるをえなくなったら、毎月の収支が赤字になり、親の預金を取り崩していく可能性が高い。さらに親が長生きする過程で預金が底を突く、あるいは預金に余裕があっても介護施設に入居し親の自宅が空き家になる場合もある。そうした場合、自宅を売却して介護費用などに充てることが選択肢に入る。その際、信託契約で受託者に自宅の売却権限を与えておくことが非常に重要になる。

つまり、家族会議の中で、親の資産状況・収支状況を踏まえ、親の生涯を支える過程で親の資産を動かしたい事態・動かさざるをえない事態が起こりうるかどうかをきちんと見極めておきたい。

資産を動かすべきとき（不動産の売却や建て替え、高額な預金の移動などを想定したとき）に、親自身の判断能力が低下してそれができなくなること（いわゆる資産凍結）を防ぐ手だてとして、家族信託を実行しようという家族内の理解・納得を得ることは、将来における家族全体の安心につながる。

家族信託に精通した専門職に同席してもらいながら家族会議を何度か開く。対策を講じる必要性、家族信託の仕組みやメリット、各家族に適した家族信託の設計、信託契約書の各条項の意味など、さまざまな情報を共有し、家族全員が理解・納得して親の老後を支える仕組みをつくるというのが理想的なイメージとなる。

家族会議を何度も開く工程を考えると、最初の検討段階から信託契約公正証書の作成まで、通常だと3カ月前後はかかると想定しておきたい。とはいえ、老親の健康不安が大きい場合は、最短では1カ月半程度で完遂できることもある。逆に保有資産や家族が多い場合はじっくり1年以上かけて実行するケースもある。

## ランニングコストに注意

家族信託の実行にかかるコストは、何を信託財産として管理するかにより大きく異なる。また、依頼する専門職によって報酬額も異なる。例えば、親の所有不動産を信託財産とする場合は、当該不動産の固定資産税評価額（固定資産税の課税上の評価額）が基準となり、その1・2～2％前後が、実費（公証役場の手数料や信託登記の登録免許税など）と専門職報酬を合わせた初期費用の総額となることが多い。

家族信託の実行後のランニングコストについては、実行後の財産管理業務（受託者業務）への専門職の関わり方によって、発生するケースと発生しないケースがある。初期費用の報酬が安くても、ランニングコストとして毎月の専門職報酬が発生する仕組みを提案される場合がある。信託契約が10年以上続く可能性もあり、結果的に高額になりかねない。ランニングコストの累積額も含めて考える必要がある。

以前は、ごく一部の司法書士・行政書士などの士業が家族信託のコンサルティングの担い手だったが、最近は、報酬をもらって職員がコンサルティングを行う金融機関が増えている。また、民間企業や任意団体が家族信託のコンサルティングサービスを提供するとうたうＷｅｂサイトも出てきた。

ただ、家族信託や成年後見制度の実務に精通していないと、適切な家族信託のコンサルティングをすることは難しい。正式な依頼をする前に、コンサルティングの経験・実績や報酬額を踏まえ、複数の専門職に話を聞いて慎重に依頼先を検討すべきだろう。

**宮田浩志（みやた・ひろし）**

家族信託のコンサルティングでは先駆的存在。全国でのセミナー講師も多数務める。著書に『はじめての家族信託』『家族信託まるわかり読本』など。

【医療】介護の負担増になることも

## 認知症薬に「頼る」危うさ

わらにもすがる思いで薬を処方してもらっていたが、副作用には気が回らなかった――。

そう振り返るのは、18年にわたってアルツハイマー型認知症（AD）の実母の介護をしていた60代の男性だ。働きながら在宅介護を続けていたが、母親の感情がしだいに高ぶり攻撃的になってきたのに気がついた。献身的介護にもかかわらず暴言を浴びせられ、つらい思いをすることもあったという。

### 介護者の負担減が重要

この男性の母親は、「アリセプト」という認知症薬を飲んでいた。その薬に「攻撃性や興奮性を高める」といった副作用があると知ったのは、介護を終えた後だった。

認知症薬は、症状の進行を一時的に遅らせる効果があり、患者やその家族にとって支えとなる存在だ。しかし、その効果は個人差が大きく、場合によっては副作用のほうが強く表れることがある。

「副作用や、ほかの薬との併用を考えると、超高齢者に薬物治療が適切なのかは疑問だ」と話すのは、稲毛神経内科・メモリークリニックの吉山容正医師だ。吉山医師は、近年、認知症は積極的に治療すべきだという認識が高まったことを受け「薬物が安易に処方される傾向がある」と話す。

副作用が意図しない行動につながった結果、互いに衝突し、つらい思いをすることがある。こうした事態を避けるためにも、薬の特徴を理解し、処方について医師と相談することが重要だ。

国内で認知症治療薬として認められている薬は、主に認知症の約7割を占めるAD向けのもので4種類ある。

### ◆認知症薬の副作用はさまざま
—国内で承認されているアルツハイマー型認知症薬—

| イメージ | 商品名 | 対象 | 効果 | 形態 | 1日の使用数 | 主な副作用 |
|---|---|---|---|---|---|---|
| 活性化 | アリセプト | 軽度〜重度 | アセチルコリンの分解を抑えて量を増やし、神経伝達を活性化させて認知症の進行を遅らせる | 錠剤、粉薬など | 1回 | 吐き気・嘔吐・食欲不振・下痢・脈拍の低下・イライラ・興奮・攻撃性 |
| | レミニール | 軽度〜中度 | | 錠剤、内服液 | 2回 | |
| | イクセロンパッチ<br>リバスタッチパッチ | | | 貼り薬 | 1回 | |
| 鎮静化 | メマンチン | 中度〜重度 | NMDA受容体の過剰な活性化を防ぎ、神経細胞障害などを抑えることで認知症の進行を遅らせる | 錠剤 | 1回 | ふらつき・眠気・頭痛・血圧上昇・便秘・食欲不振 |

(出所)取材などを基に東洋経済作成

「アリセプト」「レミニール」「イクセロンパッチ」（または「リバスタッチパッチ」）の3剤は、神経伝達物質の分解を抑え、症状の進行を遅らせる働きをする。この中でアリセプトは、1日1回の服用でよいことからよく使われる。

ただ、副作用が著しい場合には、医師に相談したうえで量を減らすことや、服用そのものをやめることも選択肢となる。例えば、嘔吐などの副作用によって体重が過度に減少した場合は、投与量を調整したほうがよい。また、「元気になりすぎてしまう」という点にも注意が必要だ。一見よいことに思えるが、「知らないうちに出かけてしまう」などの行動につながり、介護する側からすると、負担が増える可能性がある。捉え方によっては、マイナスにもなりうるのだ。

これとは反対に、鎮静的な効果をもたらす認知症薬が「メマンチン」。前述の薬と違い、比較的症状が進んだ中度以上の患者に使われる。軽度段階から服用していた認知症薬などと併用する場合も多い。薬の作用の仕方も異なり、メマンチンは神経細胞が傷つくのを防ぐことで症状の進行を緩和する。

副作用としては、ふらつきや眠気などが挙げられ、それに伴う転倒や誤嚥（ごえん）

のリスクもある。薬の量が増えてくると、元気がなく見えたり、日中に眠りがちになったりという変化も起こりうる。認知症専門医の間では、「軽度であれば本人のために処方し、中度以降は介護を楽にするために処方する」（東京都健康長寿医療センターの岩田淳・脳神経内科部長）という考え方もある。本人の症状はもちろんのこと、介護者にどれだけ負担がかかっているかも目安となる。

## 「ほかに薬がない」弊害

処方されている薬が本当に必要かどうかをチェックする姿勢も肝要。とくに、抑うつや暴言・暴力などのBPSD（行動・心理症状）に対する薬は要注意だ。BPSDについては現在、大塚製薬が米国で治療薬の治験を進めており、年内にも承認申請をすることが見込まれている。しかし、BPSD向けとして承認された薬は、国内にまだない。代わりに処方されるのが抗精神病薬や抗うつ薬などだが、適切に処方されないケースがある。

しかもこれらの薬には、認知機能を低下させる副作用もあり、認知症薬の効果と相反する場合がある。多剤服用は患者にとっても介護者にとっても身体的、費用的な負担が大きく、薬の数が多い場合は医師に相談したほうがいい。

一方、承認されている薬であっても注意すべき場合もある。

2022年10月末、エーザイの「アリセプト」のレビー小体型認知症への適応について、発売後の治験の結果が発表された。最も重視される主要評価項目「全般臨床症状（認知機能など）」に関して、プラセボ（偽薬）との間で有意差が示せなかったという。

4大認知症の1つであるレビー小体型認知症は、認知症全体の1割弱を占め、幻覚やパーキンソン症状の出ることが特徴だ。有意差は示せなかったものの、取り消しにまでは至らなかった。その理由として、厚生労働省は「一部の患者には効果があった」などとする。現場の医師も、幻覚が消えるという明確な効果があると支持する。

ただ海外は、日本ほど認知症薬の審査において寛大ではない。フランスは

2018年、医療上の利益が不十分だとし、日本でも使われている「アリセプト」など4薬の保険還付を停止した。日本では、薬のリスクと利益のバランスを見極める役割が、より医師や患者家族に委ねられているともいえる。

足元ではエーザイの新たな認知症薬の開発が進むが、既存の認知症薬に取って代わる薬の登場はまだ先のことになりそうだ。根本的な治療薬がまだない状況では、「薬物治療の効果は限定的で、介護者の対応・態度のほうが患者の症状に影響することが多い」(吉山医師)。認知症は、介護者自身が穏やかでいることが、患者の症状の緩和につながる。お互いの負担を減らすためにも、医師と相談し、うまく認知症薬と付き合うべきだ。

(兵頭輝夏)

## レカネマブは救世主となるか

2022年9月末、エーザイは米バイオジェンと共同開発中のアルツハイマー型認知症（AD）薬「レカネマブ」について最終段階の臨床試験（治験）で「症状悪化の抑制効果を確認した」と発表した。

レカネマブは、認知症の原因とされるタンパク質「アミロイドベータ」を脳内から除去する薬で、症状悪化の速度を遅くする。認知症の手前の状態である軽度認知障害（MCI）と、軽症のAD患者を対象とした今回の治験結果から、重症度を評価するスコアが1段階進むまでの期間を少なくとも約1年半遅らせることが期待されている。エーザイは米国で迅速承認制度を利用して申請しており、早ければ1月頭に結果が出る見通し。国内や欧州でも、2023年3月までに申請予定だ。

認知症薬は脳内のタンパク質であるアミロイドベータを原因とする仮説に基づいた

研究が進んできたが、この20年失敗続きだった。東京大学大学院医学系研究科の岩坪威教授は、「その中で良好な治験結果が出た意義は大きい」と話す。

エーザイにとって、今回の結果はリベンジでもあった。2021年米国で承認された同社の認知症薬「アデュカヌマブ」は、アミロイドベータを減少させること自体は確認できたが、薬の用量を途中で変更したことなどにより、明確な効果を示せなかった。そのため米国の高齢者向け保険が適用されず、価格も約300万円と高額であることから、ほとんど普及していない。

エーザイは、この経験から適切な薬剤用量や対象者の絞り込みを行えたことが、今回の成功につながったとみる。また、被験者が白人偏重だったことも保険適用外の理由だったが、今回は治験参加者を米国の人種の構成比に近づけた。

## 処方には大きな課題も

一方、現場の医師などは「夢のような薬ではない」とみる。

まず対象者の選別に課題がある。治験で対象となったのは脳内にアミロイドベータが確認される患者で、処方ができるか確認するにはＰＥＴ検査など高額な検査が必要だ。

投与方法も課題となりそうだ。レカネマブは点滴投与で、２週間に１度、医療機関に行く必要がある。治験に参加した医師は「患者に家族が付き添う必要がある」とし、通院も含め介護者の負担増となると指摘。医療機関側では、点滴を行う場所の確保も問題だ。

介護者からすると、効果を感じにくい可能性もある。「アリセプト」などの既存薬は一時的だが症状が改善する一方、レカネマブは症状の進行を遅らせるのみで、改善することはないからだ。

エーザイの内藤晴夫ＣＥＯは９月の会見で「今回の成功は大きなマイルストーンの達成だが、仕事が終わったわけではない」とし、足元では自宅で使える皮下注射剤の開発や、発症前段階での投与で発症を抑える治療薬など、新たな認知症薬の開発を続けている。実用化への道のりは長そうだが、確実に進化は続く。

（兵頭輝夏）

## 認知症研究の最前線

認知症研究が変革期にある。進展が大きいのはアルツハイマー型認知症（ＡＤ）だ。大阪大学大学院医学系研究科の池田学教授によると、「ＡＤは、神経変性疾患の一種で、治療が難しい神経難病だ。根本的な治療方法はなかったが、急速に研究が進んでいる」という。

新薬開発が進むが、光を当てて脳内の「アミロイドベータ」というタンパク質を取り除く「光認知症療法」にも注目が集まる。

ＡＤ発症の仕組みは未解明だが、有力な仮説は「アミロイド仮説」だ。この仮説では、アミロイドベータが蓄積することが発症原因の1つと説明される。アミロイドベータが脳に蓄積していくと、老人斑というシミが脳にできる。脳内のタウというタンパク質がこの老人斑を引き金に凝集、変質し、脳に蓄積すると神経細胞が死滅し発症すると考えられている。

このアミロイド仮説を基に開発されたのが、ＡＤの治療薬として米国で承認された「アデュカヌマブ」や、次の新薬候補「レカネマブ」。脳内アミロイドベータの減少が見込める初めての薬とされる。薬価は1年で１００万円を超えると予想され、手軽には使えないのが難点だ。

## 光エネルギーを利用

一方の「光認知症療法」は、低侵襲かつ低コストにアミロイドベータを除去でき、治療の門戸が広がる可能性がある。東京大学大学院薬学系研究科の富田泰輔教授、金井求教授らの研究グループが開発を進める日本発の技術で、期待度が高い。

「光認知症療法」では、まずアミロイドベータに結合する薬剤を注射する。薬剤は、脳内で蓄積、凝集したアミロイドベータだけが持つ構造を区別して酸素化反応を起こす。そこに光を照射すると光エネルギーを吸収して凝集アミロイドベータが分解され、除去されやすくなるという仕組みだ。

「アミロイドベータは蓄積しているがまだ発症していないプレクリニカル期から治療すれば、発症を予防したり遅らせたりできる可能性が高い。研究のメインターゲットもプレクリニカル期や症状はあるが発症に至っていないプロドローマル期に移りつつある」と池田教授は語る。

アミロイドベータ蓄積はAD発症の約20年前から始まるとされ、その蓄積を早期発見する方法も急ピッチで開発が進む。「アミロイドPET」検査を筆頭にアミロイドベータ蓄積を早期に発見する方法はいくつかあるが、新たな方法として研究が進んでいるのが「タウPET」や「血液バイオマーカー」だ。タウPETは、タウの蓄積を明瞭に画像化でき、脳の障害箇所や重症度などもわかりやすいのが利点だ。血液バイオマーカーはごくわずかな血液採取で血漿中の微量なアミロイドベータ関連ペプチドを測定し、アミロイドベータ蓄積を予測できる。低侵襲・低コストで高精度な検査ができ、国内外で開発が進む。

治療だけでなく、生活面をサポートする機器の開発も進む。「認知機能の低下に伴って、健康維持がさらに難しくなる。高齢者をいかに安全にサポートするかが実臨床での課題だ」（池田教授）。高齢者のみの世帯が増える中、発症前後の暮らしの安全やＱＯＬ（生活の質）向上も重要な研究テーマだ。

そこで開発が進むのがＩＣＴによる認知症高齢者の見守りケアだ。寝具の下に敷ける非接触型の環境センサーなどが開発されている。睡眠中の心拍や呼吸数、睡眠の質などの測定で認知症の有無がわかるほか、遠隔での見守りにも役立てる。ＮＴＴ西日本とパラマウントベッドの合弁会社であるＮＴＴパラヴィータ（ＮＴＴＰＡＲＡＶＩＴＡ）社と大阪大学大学院医学系研究科などが連携し、研究に乗り出している。

（医療ライター・石川美香子）

# 認知症予防のQ&A

発症を防ぐにはどんな予防法が効果的なのか？　保険や早期発見などのサービスも紹介。

「認知症予防には〇〇がいい」など認知症予防について多くの情報が入り乱れている。何をすればいいのか悩む方も多いだろう。「認知症予防はマラソンと同じ。楽しく、長くできることから始めたい」と日本認知症予防学会理事長の浦上克哉・鳥取大学医学部 認知症予防学講座教授は語る。浦上教授に「認知症予防の基本」を解説してもらった。

## 【Q1】認知症は予防できますか？

まず「予防」の概念を知ってほしい。認知症予防には3つの段階がある。健康などきに行う発症予防が1次予防。発症後、症状がほとんどない段階か、軽度認知症段階での早期発見・治療・対応が2次予防。生活に大きな支障が出始める中度〜重度認知症の段階で症状の進行を遅らせるのが3次予防だ。

4大認知症は、根本治療法が現状なく、発症を完全に防ぐことは不可能だ。だが生活習慣を改めるなど基本的なことで発症リスクを下げられる。発症しても症状はゆっくり進行していく。早くに発症に気づき手を打てれば、進行をさらに遅くできる可能性がある。

予防はマラソンだと考えて、できることを楽しく、長くやることが肝心だ。3〜5年など中期的に取り組める予防法の実行を心がけてほしい。

## 【Q2】1次予防で気をつけるべきことは?

2020年、英医学雑誌『ランセット（Lancet）』に、生活習慣を改善することで認知症の発症リスクを40％下げられるという研究が発表された。発症リスクとして難聴や教育歴（知的好奇心の低さ）、高血圧などの生活習慣病まで12の項目が本研究では紹介されている。

### ◆ リスクを高める要因をいかに減らすかがカギ
―認知症発症リスク要因12項目―

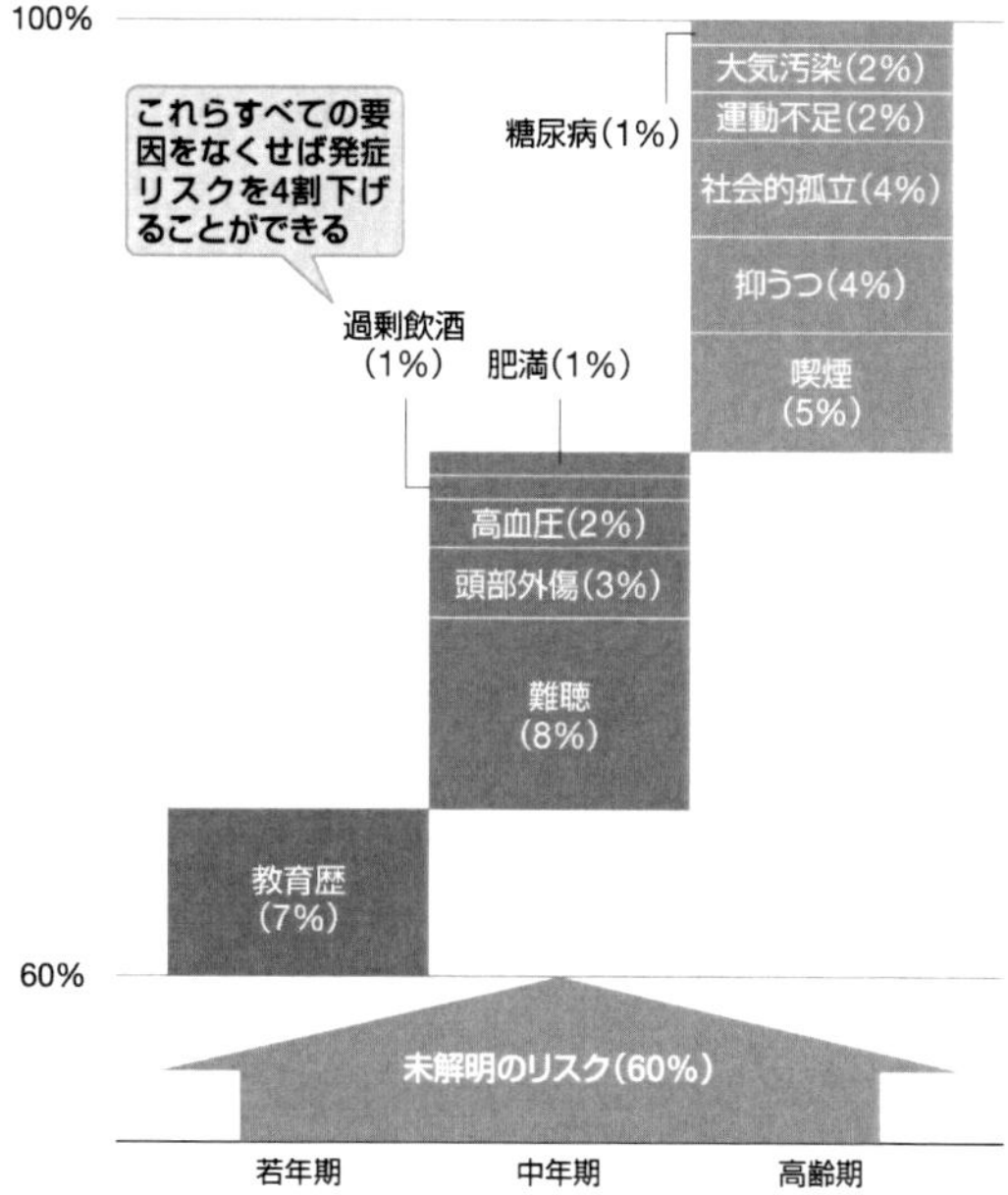


(出所)ランセット委員会の報告書を基に東洋経済作成

また若年期（45歳未満）、中年期（45〜65歳）、高齢期（66歳以上）の3段階で、この12の項目のどれに気をつけるべきかもわかっている。

とくに発症リスクを大きく高めるのが中年期の難聴。難聴を防げば、発症リスクが8％下がるとされている。また、生活習慣病は認知症発症リスクを高めるという研究も多い。生活習慣病予防が1次予防では重要になる。

1次予防は、もの忘れなどの自覚症状のない人から「認知症予備軍」といえる「MCI（軽度認知障害）」の人までが対象。とくにMCIの段階で、早期に生活習慣の改善など適切な手を打つことが重要だ。MCIの段階で何もしないと4〜5年で50％以上の人が認知症になってしまう。一方で適切な手を打てば年間16〜41％の人が通常の認知機能の状態に戻るという報告もある。

65歳以上の高齢者の約2割がMCIという推計もあり、自分自身やご家族について「あれ、おかしいな」と思ったらMCIでないか疑ってみてほしい。心配な場合は、専門医のいる「もの忘れ外来」など専門外来を早めに受診することをおすすめする。

## 【Q3】具体的にどのような予防を行えばいいでしょうか?

まず意識してほしいのは「予防を楽しむ」ということだ。パズルなどの「脳トレ」も嫌々取り組むとストレスがかかり、脳の神経細胞を傷める。

どの段階でも予防の基本は生活習慣を整えること。また、運動・知的活動・コミュニケーションの3つを意識すると12の認知症リスク要因のほとんどを取り除ける。

運動では、週に2~3回、ウォーキングなどの有酸素運動や筋トレを疲れない程度に行うとよい。注意したいのは、有酸素運動をやりすぎないことだ。有酸素運動ばかり続けると筋肉量が落ち、転倒・骨折のリスクを高める。知的活動やコミュニケーションでは、新しいことにチャレンジするのがとくに有効だ。新しいことに取り組むと、脳の神経細胞は新たなネットワークを構築する。認知症を発症し脳の神経細胞が死滅すると、記憶などの機能が失われる。しかし、残った神経細胞がネットワークを伸ばすことでその機能を代替できる。脳の神経細胞のネットワークが豊富なほど認知機能は衰えにくくなることがわかっている。脳に新しい刺激を与え、このネットワークを広げることが重要だ。

難しいことをやる必要はない。絵や手芸、楽器といった趣味や将棋などのゲーム、日記など手軽に始められるものから挑戦しよう。コミュニケーションでは可能な限りいろいろな人と話すことを意識したい。気の合う友人だけでなく、あまり話したことのない人とも会話することで脳へ新しい刺激を与えてほしい。

## 【Q4】3次予防ではどのような手法が有効ですか？

今まで述べてきた中でできることに取り組んでほしい。しかし3次予防の段階では、新しいことに取り組むのは困難だ。本人が好きだった趣味を勧めてみるなど過去の楽しい記憶に基づいた予防法がいいだろう。

中度認知症でとくに介護者の負担となる、介護拒否などの行動・心理症状（BPSD）の進行を遅らせることも可能だ。介護をしていると心配するあまりつい叱ってしまうことがある。BPSDは本人にストレスがかかると表れやすい。お互いの負担を少なくするためにも、周囲に頼りながら、本人が安心できる環境を整えることがBPSDの予防につながる。

## 【Q5】認知症予防によい食事は?

なるべく多く野菜を食べるなど栄養バランスの取れた健康的な食事を意識してほしい。オリーブオイルを多く取る地中海式の食事や、塩分を控えた和食は認知症予防にいいとされる。だがすべての食事を和食にしたりする必要はない。それぞれの食事で認知症予防にいいとされる食材、ドコサヘキサエン酸(DHA)などを意識的に摂取することから始めよう。無理なくバランスのよい食事を楽しんでほしい。

(構成・大竹麗子)

〈回答者プロフィール〉浦上克哉

1983年鳥取大学医学部卒業、2022年、同大学医学部　認知症予防学講座教授に就任。

発症したら一時金などの保障が充実

## 認知症保険の中身とは

「純資産が1億円を超える富裕層の人たちの関心が高いですね」

大手生命保険会社の担当者がそう話すのは、認知症に特化した保障を提供する「認知症保険」についてだ。

そもそも富裕層の多くは将来の相続などに備えて、外貨建て保険をはじめとした運用商品を多数契約している。

もし認知症となった場合は、正常な判断能力が欠けていると判断され、運用商品の解約手続きに影響が出てしまう。そのため、家族を「指定代理請求人」としてあらかじめ登録しておき、万が一のときに円滑に手続きできるようにしておくケースが少なくないのだ。その際、保険会社の営業などを通じて認知症保険の存在について知り、併せて加入しておく事例が多いという。

認知症保険の加入を検討するに当たって、押さえておきたいポイントは大きく5つある。

## ◆ 押さえておきたい5大チェックポイント
### ―認知症保険の概要と留意点―

**① 一時金タイプが主流**

認知症と医師に診断されたら一時金（200万円など）を給付するタイプが現在の主流。過去数年に脳卒中などの病気やうつ病などの精神疾患で治療を受けていないことを加入条件とするのが一般的

**② 保険料は月3000円前後が多い**

診断一時金タイプであれば、月々の保険料は3000円前後の商品が多い。一時金の額を300万円などに引き上げたり、治療に必要な保険金の給付も受ける場合は、その分保険料が数千円高くなる

**③ 保障されない待機期間がある**

認知症の兆候が見られる人がそのことを隠して加入し、すぐに給付金を受け取るといったことを防ぐため、加入してから180日間や1年間は、認知症と診断されても保障を受けられない待機期間が必ず設けられている

**④ アルコール性認知症は保障対象外**

保障の対象となるのは、アルツハイマー型認知症やレビー小体型認知症、血管性認知症など。アルコールの多量摂取を続けたことを原因とする認知症は保障の対象外となっている

**⑤ 保険金の請求は家族などの指定代理人**

認知症で判断能力が低下すると、給付金請求などの意思表示が難しくなるため、契約時に家族などを代理請求人として指定しておく

（出所）東洋経済作成

中でも重要なのが、契約が有効になるまでに待機（不担保）期間が必ずあることだ。待機期間は、加入（責任開始日）からおおむね半年や1年としている商品が大半だ。これは軽度認知障害（ＭＣＩ）など、認知症の前兆となるような症状が出始めた人が、駆け込みで加入するといったことを防ぐために設けられている。

また、アルコールの多量摂取を続けたことを原因とする認知症については、どの保険会社も保障の対象外としていることにも注意しておきたい。

認知症保険は、医師に認知症と診断されると、１００万円単位の保険金を診断一時金として出すタイプの商品が主流だ。被保険者が５０歳男性で、一時金が２００万円の場合、毎月の保険料は３０００円前後の商品が多い。

継続的な治療のための給付金も併せて受け取れる商品もあるが、その分毎月の保険料はぐっと高くなり、５０歳男性で1万円近くになる場合も。どこまでの保障が本当に必要なのか、家計の状況を見ながら見極めるようにしよう。

認知症保険のトレンドとして、運動プログラムの提供など予防に向けた各種サービスを、各保険会社がここ数年充実させている。そうした付帯サービスも踏まえたうえで、加入の是非を検討してもらいたい。

（中村正毅）

## 手軽な検査でリスク測定

「認知症予防は早期発見・対策が重要」。とはいえ、「もの忘れが増えたかな」程度で専門外来を受診するのは心理的ハードルが高い。また、高齢の両親に検査を勧めても、「自分は病気じゃない」と拒まれることもよく聞く悩みだ。

今は発症前にリスクを手軽に測定できるサービスや検査が増えている。話題になっているのが、NTTコミュニケーションズが提供する「脳の健康チェックフリーダイヤル」だ。20秒程度の電話で認知機能が低下していないか測定できる。自動音声が今日の日付と年齢を質問、その返答内容や話し方からAIが認知機能の状態を測る。実際に体験した60代男性は、もの忘れが増えてきたことが気になっていた。「手軽に自身の認知力を見つめ直すいい機会になる。認知機能は正常と言われたが、今後も注意していきたい」と語った。

「脳磁計」を活用した検査でも早期にリスクを測れる。脳磁計とは、脳が活動するときに生じる磁場の変化を読み取り、状態を可視化する検査機器。検査は5分程度で済み、MRI（磁気共鳴断層撮影）と比べても検査音が静かだ。通常の認知症診断はMRIを使用するが、脳の萎縮が進んだ状態でないと異常を見つけにくい。一方、脳磁計は脳の働きが鈍っていないかを確認するので、萎縮が進んでいない発症前段階から検査できる。

埼玉県熊谷市の熊谷総合病院では、脳磁計を使った「脳機能ドック」と各種検査を組み合わせてリスクを測定する。検査結果を基に、個々人に合った予防についてアドバイスが受けられる。同病院の鴫原（しぎはら）良仁医師は「代表的なもの忘れ症状が目立たない人も、認知症発症の危険性があることがわかっている。もの忘れはないが、認知機能が低下していないか心配という状態の人でもリスクを評価することができる」と語る。また、認知症の検査というと拒絶する高齢者も多いが、「脳機能ドック」であれば健康診断の一環として受診してくれる例もあるという。

認知機能は5～10年かけて緩やかに低下する。小まめな検査で認知機能の低下を把握することも重要だ。手軽かつ定期的に認知機能を検査できるのが、東京大学などの研究グループが立ち上げた「ジェイ・トラック（J-TRC）」だ。

## Ｗｅｂ上で定期検査

Ｗｅｂ上で参加登録し、生活状況の調査や２０分程度の記憶テストを受けると、今の認知機能の状態を確認できる。認知症の診断を受けていない５０～８５歳が対象だ。さらに3カ月に1度、検査を勧めるメールが届き、忘れずに検査を続けやすい。

ジェイ・トラック（J-TRC）は認知症の治療薬・予防薬開発のための治験者募集プロジェクトとして発足。定期的な検査の結果、リスクの上昇が疑われる場合、希望に応じて研究機関での検査や治験に参加できることもある。プロジェクトの代表を務める岩坪威・東京大学教授は、「認知症発症前の段階で異常を見つけることが予防においても重要。参加者が増えれば、治療薬の開発につながる可能性も高まる。多くの人に参加してほしい」と訴える。

まずはこうした検査やサービスで認知機能の状態を把握することが予防の第一歩。負担の少ないものを選んで、うまく予防と向き合うことが重要だ。

（大竹麗子）

頼りになる！

## 認知症お助け相談先

認知症に関する介護などの情報を得るにはどうしたらよいか。相談を受け付ける窓口や機関・団体などをピックアップにした。

筆頭は地域包括支援センター。ケアマネジャーなどの専門家がおり、介護についての相談から要介護認定申請の代行まで担う。

診断などは医療機関などに設置されている認知症疾患医療センターで受け付けているが、近所のもの忘れ外来、専門医でも対応できる。かかりつけ医に相談するのも手だ。電話相談は、認知症の人と家族の会などが運営。その他当事者とその家族を支援する交流団体や組織も多くある。

【認知症に関する相談窓口】

**地域包括支援センター**

介護、医療、健康、福祉などの面で高齢者をサポートする総合的な相談窓口。各種相談のほか介護保険申請の窓口も担う。自治体が設置するが、社会福祉法人や社会福祉協議会、民間企業が委託を受け運営することも。おおむね中学校の学区域に1カ所あり、全国に約5300拠点ある。

**認知症疾患医療センター**

認知症の鑑別診断や、BPSD（行動・心理症状）や合併症に対する医療・専門医療相談などを行う。全国約500カ所の医療機関に設置。基幹型Ⅰ、Ⅱ（総合病院、大学病院など21カ所）、地域型（精神科病院、一般病院など382カ所）、連携型（診療所、一般病院など96カ所）に分類される。

【電話による相談窓口】

**認知症に関する電話相談**

「認知症の人と家族の会」が設置する電話相談窓口。受付時間は土日祝日を除く毎日10～15時で、連絡先はフリーダイヤル0120－294－456、携帯電話・スマートフォンからは050－5358－6578（通話料は有料）。全国の支部でも電話相談を受け付けている。

**若年性認知症コールセンター**

厚生労働省の施策に基づき、認知症介護研究・研修大府センターが相談窓口となるコールセンターを運営。0800－100－2707（フリーダイヤル）。受付時間は月～土曜の10～15時（年末年始、祝日を除く。水曜は試行的に18時まで延長）。

【認知症の医療機関・専門医】

・日本認知症学会の専門医
・日本老年精神医学会の専門医
・医療機関の「もの忘れ外来」
・かかりつけ医

認知症の受診先として、医療機関の「もの忘れ外来」「認知症外来」が候補となる。ただ、日本認知症学会や、日本老年精神医学会の専門医を受診することが望ましい。精神科、神経科、老年科、神経内科、心療内科、脳神経外科などの診療科にもそうした専門医がいる。大規模病院の場合は医師の紹介状が必要なので、まずはかかりつけ医に相談するのも手だ。

【交流組織】

**認知症カフェ（オレンジカフェ）**

認知症の人やその家族と、地域の人や介護職員、専門家たちが交流できる場。全国に約８０００カ所存在する。

【各種団体・学会】

**日本認知症学会**

約５５００人が会員で、ホームページでは専門医一覧や専門医がいる医療機関を確認することができる。

**おれんじドア**

若年性認知症のコールセンターなど、もの忘れ総合相談窓口を認知症の当事者らが運営。代表は丹野智文氏。

**日本ユマニチュード学会**

ユマニチュードの浸透と研究を目的に2019年7月設立。研修や認証制度を実施。

**認知症未来共創ハブ**

認知症のある人、家族や支援者、地域住民や行政関係者、研究者らが協働し、認知症の人が安心して過ごせる地域づくりを推進する活動体。

**認知症の人と家族の会**

認知症の人、家族で組織する公益社団法人。電話相談などを実施。

# 「遠距離介護でも罪悪感抱かないで」

劇作家・演出家・俳優　渡辺えり

劇作家で俳優の渡辺えり氏。山形の介護施設に暮らす認知症の両親の介護に長年携わり、介護をテーマにした戯曲も手がけている。同氏に遠距離介護のつらさ、介護制度の課題を聞いた。

**――2023年1月から始まる舞台『喜劇　老後の資金がありません』（京都・南座、東京・新橋演舞場）は、2021年に続く再演となります。**

前作が好評で再演が実現した。長女の結婚資金、舅（しゅうと）の葬儀代、認知症の姑（しゅうとめ）の介護など、50代の主婦がタイトルどおり「老後の資金」に振り回される事態に見舞われる悲劇を明るく描いている。とくに女性は年齢を重ねると、家族にも理解されがたい孤独を抱えてしまうもの。時々お茶を飲みながら愚痴をこぼし、心のつらさを分かち合える友人の存在が大切だ。

劇中に、葬儀屋から高額なひつぎを買わされてしまうシーンがある。私も父の葬儀の際に葬儀屋とまったく同じやり取りをした。こういう状況は劇中のフィクションではなく現実に起こりうるものだ。

**――2023年6月に公演が予定されている『三婆（さんばば）』（東京・三越劇場）も、女性3人の老後問題がテーマです。**

『三婆』は、全員が独身で収入もない3人の女性が共同生活するブラックコメディー。『喜劇　老後の資金がありません』もそうだが、演劇のファン層も高齢化しており、こういった老後問題に関心を持つ人が増えているのではないか。

## 「自分の幸せ」も大切

**――老後問題といえば、ご自身も長く東京と故郷の山形を往復しながら両親の介護**

に当たっています。

両親とも山形の介護施設に入所していたが、父は22年の5月に95歳で他界した。毎月欠かさず様子を見に行っていたが、コロナ禍で面会が禁止され、会話も窓越しからの筆談だけ。結局父には触ることができずに息を引き取った。

90歳を過ぎた母は今も介護施設で暮らしている。認知症を発症したのは78歳くらい。正月に帰るといつもごちそうを振る舞ってくれる母が、その年の元旦はなぜか卵焼きやハムなど日常の食卓。「母ちゃん、どうしたの？　今日は正月だよ」と聞くと「そうだっけ？」と。後日、母から急に電話があり「どうも認知症みたいだ」と告げられた。毎日ノートにメモした内容をすぐ忘れるので、自分で気づいたようだ。簿記や暗算が得意だった母だけに、自分で認めるのはつらかっただろう。

娘にものを頼んだことのない母が「認知症になる前に旅行に連れていってくれ」と言うので、慌てて母の希望に従って出雲大社、広島平和記念資料館、伊勢神宮、日光東照宮を10日間で回った。温泉にも連れていったが、いつも私の背中を流してくれる母の背中を私は初めて流すことができてうれしくて泣いた。

**――その後、お母様は介護施設に入所し、渡辺さんも定期的に帰省して顔を出すようになります。**

娘としてつらかったのは、大きな病院の介護施設に初めて母が入ったとき、介護士たちも忙しくて大変だからか、個人が尊重されずに画一的な対応をされてしまうこと。「洗髪が楽だから」との理由で全員が同じ短髪にされてしまう。それが監獄のように見えて「母ちゃんは短髪にしたことがない」と文句を言って肩までの長さに戻してもらった。実家のようにくつろいでもらおうとこたつを持ち込んだら「転ぶと危ない」と翌日には撤去され、部屋に貼ってあった私のポスターも「興奮して血圧が上がる」とすべて剥がされた。「興奮するのも人間じゃないか。認知症だからといって人間扱いしないのか」と介護士に怒鳴り散らしてしまったこともある。東京で引き取ることも考えたが、医師に「お母さんには糖尿病がある。悪化して亡くなったらどうしますか?」と言われ泣く泣く断念した。

当事者としての体験を基に、認知症がテーマの戯曲『鯨よ!私の手に乗れ』を書いた。父の葬儀のとき、山形で暮らす弟と1泊したが、「実はあのとき『姉さんを施設に来させないでほしい。あの人が来ると施設が混乱する』と言われていたんだ」と打ち明けられた。前に母がいた施設からの苦情をずっと黙っていたのだ。弟をつらい目に遭わせていたことを知り、近距離介護する側の苦労にも気づかされた。

**――渡辺さんのように、遠距離介護で疲弊したり、自分を責めてしまう人は多いと思います。**

十分なケアができずに罪悪感を抱く気持ちは、私も当事者として理解できる。でも、娘や息子がつらい思いをして笑顔を忘れることは親不孝になるのではと考えた。まずは自分が一生懸命働き、社会の役に立つ。それなくしては親を経済的に支えることもできないし、介護士の給料も払えない。自分が幸せに生きることが親の幸せだということを忘れてはいけない。

## 演劇と介護の親和性

**――ご自身の体験を基に、認知症や介護に関する講演も数多く行っています。**

講演では必ず「介護士の給料を上げてほしい」と話している。母が下痢をしたとき、

1分置きにおむつを替えるのは実の娘でさえ気がめいる。それをプロの介護士が黙々と処理しているのを見て、思わず手を合わせた。大変な介護の仕事に国が一定の給料を保障し、担い手を増やさないと、介護システムそのものが崩壊してしまう。

一方で、介護の分野でも映画の「赤ひげ先生」のようにあらゆる患者に対応できる柔軟な人がもっと増えてほしい。入所者の人生は画家、音楽家、農家など十人十色。農家だった人には「そろそろおコメの穫(と)れる季節だね」と声をかけるなど、本来は人によって多様なコミュニケーションが求められる。ところが、画家だった人が「ゴッホがね……」と言っても介護士がゴッホを知らなければ話が通じない。ただ、画一的に日常のケアだけを行うのではなく、認知症の人こそこうしたこまやかなコミュニケーションが必要だ。行き過ぎた効率化は介護の判断にも影響を与える。

**――個人に寄り添った介護と、人手や予算の不足をカバーする効率化はどう両立できるでしょうか。**

1人で10人分とは言わないが、せめて「絵画、音楽、農業」など、それぞれの話題に対応できる幅があれば、人間味のある柔軟な介護ができる。カギは教育にある。

「これ以外はやってはいけない」とマニュアルで縛るのではなく、マニュアルからはみ出した部分も肯定する教育が実現すれば、「赤ひげ先生」のような介護士は増やせるのではないか。

実は、演劇人はいろんな役柄を演じているので、その分経験の幅が広い。どんな人が相手でも会話に乗っていける。加えて、人との触れ合いや対話の経験も豊富だ。事実、演劇界から介護士に転身する例は多い。演劇のように介護を楽しめる人が増えれば、介護の仕事の魅力も高まるのではないか。

（聞き手・大竹麗子、堀尾大悟）

**渡辺えり（わたなべ・えり）**

1955年生まれ。山形県出身。舞台芸術学院、青俳演出部を経て、78年「劇団3○○」を設立。83年『ゲゲゲのげ』で岸田國士戯曲賞受賞。97年劇団解散後も多方面で活躍。

【週刊東洋経済】

本書は、東洋経済新報社『週刊東洋経済』2022年12月3日号より抜粋、加筆修正のうえ制作しています。この記事が完全収録された底本をはじめ、雑誌バックナンバーは小社ホームページからもお求めいただけます。

小社では、『週刊東洋経済eビジネス新書』シリーズをはじめ、このほかにも多数の電子書籍ラインナップをそろえております。ぜひストアにて「東洋経済」で検索してみてください。

『週刊東洋経済eビジネス新書』シリーズ

No.418　経済超入門　2022
No.419　東証　沈没
No.420　テクノロジーの未来地図
No.421　年金の新常識

No.422　先を知るための読書案内
No.423　欧州動乱史
No.424　物流ドライバーが消える日
No.425　エネルギー戦争
No.426　瀬戸際の地銀
No.427　不動産争奪戦
No.428　インフレ時代の資産運用&防衛術
No.429　人口減サバイバル
No.430　自衛隊は日本を守れるか
No.431　教員不足の深層
No.432　ニッポンのSDGs&ESG
No.433　独走トヨタ　迫る試練
No.434　変わる相続・贈与の節税
No.435　東芝の末路

No.436　食糧危機は終わらない
No.437　ゼネコン　両利きの経営
No.438　すごいベンチャー２０２２〔前編〕
No.439　すごいベンチャー２０２２〔後編〕
No.440　宗教　カネと政治
No.441　岐路に立つ鉄道
No.442　学び直し全ガイド
No.443　米中　大動乱
No.444　高揚するコンサル　したたかな弁護士
No.445　半導体　復活の足音
No.446　氾濫するＰＲ
No.447　総孤独社会

週刊東洋経済eビジネス新書　No.448
認知症　全対策

【本誌（底本）】
編集局　大竹麗子、宇都宮　徹
デザイン　dig（成宮　成、山﨑綾子、峰村沙那、坂本弓華）
進行管理　平野　藍
発行日　2022年12月3日

【電子版】
編集制作　塚田由紀夫、長谷川　隆
デザイン　市川和代
制作協力　丸井工文社
発行日　2024年2月28日　Ver.1

発行所　〒103-8345
東京都中央区日本橋本石町1-2-1
東洋経済新報社
電話　東洋経済カスタマーセンター
03（6386）1040
https://toyokeizai.net/
発行人　田北浩章


電子書籍化に際しては、仕様上の都合などにより適宜編集を加えています。登場人物に関する情報、価格、為替レートなどは、特に記載のない限り底本編集当時のものです。一部の漢字を簡易慣用字体やかなで表記している場合があります。本書は縦書きでレイアウトしています。ご覧になる機種により表示に差が生じることがあります。

※本刊行物は、電子書籍版に基づいてプリントオンデマンド版として作成されたものです。